ちくま新書

知のスクランブル
――文理的思考の挑戦

日本大学文理学部 編
College of Humanities and Sciences, Nihon University

1239

知のスクランブル――文理的思考の挑戦【目次】

はじめに

紅野謙介

かつて「一億総中流」という言葉が流行った。自分たちは中流だと思う、あるいは思いたい人々が社会の大半を占め、それにより戦後日本は発展し、社会の成熟や文化の洗練も進んだ。

戦後日本は戦争体験の反動で国内のみに目を向け、なかでも中間層は海外旅行や輸入品を消費的に楽しみはしたが、みずからを外部に開くことには消極的であった。そうした問題点はありつつも、それぞれの仕事へのプライドと、職種に応じた専門的な知識をもち、社会に対する幅広い教養と、それを生かす知恵をもっていた。中間層が日本のコモンセンスを支えていた。

いま、グローバルな資本主義の拡大は、そうした担い手たる中間層を切り崩している。わずかな富裕層が信じられないような年収を手にする一方、年収二〇〇万円を切る層が増えている。それを次世代で回復する可能性すら閉ざす「子どもの貧困率」も社会的な問題となっている。

大学のような高等教育機関も、こうした中間層の育成から遠ざかりつつある。国公立、私立を問わず高偏差値の大学は、少子化時代の中しのぎを削り、日本を牽引するエリートの養成を目標に掲げ、世界的な研究先端大学を目指している。学部・学科の再編成や名称変更を重ね、スーパーグローバルといった和製英語の冠をつけた大学に生まれ変わろうと懸命である。

しかし、専門知は高度になればなるほど、細分化し、互いに垣根をはりめぐらせる。ある専門家が他の専門領域についてまったく無知なのは今や珍しくない。だが、この複雑きわまりない傷だらけの世界に対面し、焦らずあわてず現実を見すえつつ世界の修復と改革にあたる能力が、今こそ求められている。とすれば、必要なのは専門知の足し算ではなく、ひとつの専門について基礎的な知識を積むことと、それを展開させる能力だろう。そして他の専門領域にもいつでもアクセスできる幅広い教養と、それを実践的に駆使する知恵が重要になってくる。

この現実世界は、大学や学問分類によって切り取りやすくはできていない。不可解で、不透明で、複雑きわまりない現実に分け入り、世界の仕組みや、自分と世界との関係を考え、少しずつ作り直す。そのために様々な専門的な知が発達してきた。そこでは文系・理系の区別も、どちらが役に立つかで評価されることもない。それぞれの学問領域から見える世界の違いをふまえつつ、世界を生きぬくための多様な知恵を身につける――それを文理的思考と呼びたい。

日本大学文理学部は、そうした文理的思考を体現する学部である。日本で最大の大学（日本大学の学生数は約七万人。学部数一六）に属する本学部は、一八もの学科を擁し、学生数はおよそ八〇〇〇人。ひとつの総合大学のスケールをもつ。文理学部の名称は、旧高等師範学校や旧制高校の流れに由来する。日本大学でも一九〇一年に教員養成のための高等師範科が設置された。かつて多くの大学に文理学部があったが、一九五〇年代後半～六〇年代に各大学は文理学部を改組し、文学部、理学部、教育学部などに分岐させた。さらにこの二〇年で、それらは流行のキイワードを組み合わせた新奇な学部へと変貌した。

現在、文理学部が残っているのは日本大学ただひとつである。学部組織は、人文系六学科（哲学、史学、国文学、中国語中国文化学、英文学、ドイツ文学）、社会系六学科（社会学、社会福祉学、教育学、体育学、心理学、地理学）、理学系六学科（地球科学、数学、情報科学、物理学、生命科学、化学）の一八学科から成る。クラシックかつ伝統的な学問分類であるが、こうした構成を維持することこそ重要だと、わたしたちは考えている。慣れ親しんだ古い革袋を大事に使いながら、そのなかに新しい酒を盛ることがむしろ創造的なのである。

本書は、この一八学科で活躍している教員一八名の知を結集したものである。それぞれ一八の学問領域の専門的なトピックを分かりやすく説明し、研究の最先端の一部を紹介している。これらは文理学部で展開されている授業の一風景だと思っていただいていい。

I部では「言葉と文化」と題して人文学の思考に迫る。哲学研究の第一人者・永井均が自分の存在を追究し、気鋭の歴史学者・古川隆久は歴史学の基本的考え方を紹介。国文学の佐藤至子が物語をめぐり古典と二次創作の問題を論じるのに続き、三澤真美恵は中国文化学研究の見地から現代中国の映画を論じる。マイルズ・チルトンは英文学の存在意義について、初見基はドイツ文化研究の立場から異文化研究の意義を問いなおす。

Ⅱ部では、「交差と共有」と題して社会科学の考え方を追究する。社会学の久保田裕之が「共有」の問題について、社会福祉学の金子絵里乃が「悲しみのわかちあい」を論じる。「育て」について、広田照幸は教育の複雑さを伝え、青山清英は体育におけるコーチングの意義を強調、菊島勝也は心理学による子育て支援を論じる。矢ケ﨑典隆は砂糖をめぐる地理学を展開する。

Ⅲ部では、「世界を動かす力」と題し、理学や自然科学の思考に挑む。安井真也は火山地質学から生きた地球の姿に迫る。市原一裕は数学で宇宙の形など世界の謎を解こうと試みた歴史をふり返る。情報科学の尾崎知伸が人工知能や巨大データと人間の知の問題を提起し、十代健はウイスキーからナノ粒子の物理学を考える。間瀬啓介はゲノム編集による生命のデザインの問題を提起し、最後に大﨑愛弓は化学成分から植物と人のつながりを考察する。

一八の講義は、自由に、一見乱雑に投げ置かれている――だがそうしたスクランブルの深いところで知はつながっており、そしてつなぐことができる。「文理的思考力」とは、各パートの差異と多様性に目をやりながら、言葉のかけら、知性の断片を縫い合わせ、新たな文脈を作り出すことである。批評するとともに、編集する力でもある。そうした力が、この社会を支える中流の人々に再び宿り、世界に働きかける知恵とエネルギーが生まれることを願っている。

I 言葉と文化

——人文学の思考

プロローグ

私たちは日々の生活のなかで様々な疑問に出会い、しばしば考え込む。自分への苛立ち、家族や恋愛、人間関係の悩み、社会や政治への不満、いまもなお世界のあちこちで続く戦争や暴力に対する慨嘆。それらの問いのいくつかは解きほぐせない糸のように複雑に絡み合っている。手をつかねて、どうしたらいいいか、立ち尽くしてしまう。

残念ながら、すべてを一気に解決するような魔法の杖はないし、答えをもらうのでは解決にならない。いったん迂回して、この疑問の背景や成り立ちを考え、他の事例を探る。それができれば、解決の糸口に向けて少しでも可能性が生まれる。それによって頭を切り換えることもできる。手がかりとしての学問の意義もここにある。

考えること、認識することがすべての学びの根本にある。私たちが世界について考え、認識するときに使う道具は、言葉や数などの記号である。言葉や数などの記号を通して考え、考えながら世界をとらえるための記号の束を生み出している。なかでも人文学は、言葉を切り口に人間とその文化や社会について探究する学問である。人間の心や身体は自分ひとりのもののようでいて、実は外側の文化的、社会的なファクターによって組み立てられている部分が大きい。社会科学は、こうした観点を軸に理論的な探究と応用や実践について考える学問である。理学や自然科学は、言葉以外の様々な記号を駆使して世界を成り立たせている法則を探究する。それらの「知」を組み合わせて、私たちはいまこの世界に向き合っている。

人文学が扱うのは、まずは言葉である。言葉は、生まれたときから母語というかたちで私たちに与えられる。言葉のなかに生み出されるのだと言ってもいい。幼児のとき、世界は不透明で身体の延長でしかとらえることができなかったが、言葉を覚えることで分節化され、世界を世界として認識できるようになる。「はじめに言葉ありき」。『聖書』のこの一節は、言葉によって世界が現れるという真実をよく伝えている。

一方、それは言葉は制約でもあるということだ。制約のなかで、私たちは世界をとらえている。しかし、世界には言葉にならないまま消え去ってしまうものの方がはるかに多い。言葉にできない思いや感情に襲われることもある。だからこそ、身の回りの知り尽くした世界から外に出て、言葉にならないものや思いにふれ、たぐり寄せることに意義がある。本を読むことも、絵画や映画、音楽に心を開くことも、旅をすることも基本はここに通じている。日々の勉強や仕事に追われているとき、私たちは言葉を自覚することはない。しかし、ふと立ち止まり、絶対的な美しさにふれて心を揺さぶられたり、深い疑問に出会ったりしたとき、私たちは考え込み、言葉に対面する、これはいったい何なのかと。言葉の縁《へり》に立つとは、そのような瞬間を指す。深い闇に向き合い、言葉を求めて一歩踏み出すこと。

もちろん、異なる言語を学ぶことも、言葉をめぐる問いにつながる一つの回路である。日本語で書かれたこの文章は、日本語の条件や制約のなかにある。どの言語にも与えられた条件がある。同じ意味の言葉でも言語が違えば、重なりとずれが生じる。翻訳はある文章をべつな文章に置き換える作業であるが、翻訳を介しても、言葉は決して一＝一、まったく同一の意味にはならない。その言語でなければ伝わらないもの、伝えられないニュアンスがあるということだ。それこそが互いの「文化の差異」である。だからこそ、母語とは異なる言語を学ぶ必要が出てくる。その言葉を支え、取り巻く文化的なネットワークを知ることによって、いままで使い慣れていた語彙や表現の制約を超えたものが見えてくる。

新たな習得した言語を介して眺めたとき、日本語を前提とした世界とは異なる世界像が浮かび上がる。言語の数だけ、世界は違ってみえるはずだ。差異を超えた共感や理解もあれば、激しい葛藤や対立が起きることもある。それらの衝突や交差を学ぶことを通して、私たちはふだん気づかなかった文化の重みを知ることになる。そのためには英語だけでは十分ではないかもしれない。すでに世界語となった英語の、しかもビジネス会話だけならば、見えてくる世界は経済と資本の移動におおわれた平板なものになってしまうだろう。

時間をさかのぼって想像力で過去に移動することは、いまは存在しない人々がその時代の言葉を通して見ていた世界を探ることになる。異なる言語とは、外国語のことだけではない。古代の言葉、中世や近世の言葉はもちろん違っている。近代以降でも、明治時代の言葉、大正や昭和の言葉は、いまの私たちの言葉と同じではない。同じ言葉でも意味が違っていることがある。こうして時間による変化をめぐって問いが生まれたとき、歴史への関心が芽生える。

かつて「世界史」はヨーロッパを中心とする、ヨーロッパから見える発展の歴史として書かれた。アジアの歴史、アフリカの歴史が言葉になったのはずっと最近のことだ。だれが、どの立場から、どのような観点で言葉にするかによって、歴史は異なった顔になる。その違いを見つめることは、まさに世界の多様性を知ることに通じる。

王侯貴族や政治家、軍人もまたその時代、その社会のなかで条件づけられた存在にすぎない。その時代の言葉を探り、文化をたどることによって、彼や彼女が見ていた世界が浮かんでくる。紅茶やコーヒーの原材料が見出され、人々の嗜好に合う商品となるまでに多くの歴史があり、植民地における収奪、資源をめぐる争いがあった。さらに恋愛や性についても、その思考や習慣、制度の歴史があり、家族の概念やあり方についても地域的な違いと歴史的な変遷があった。こうした心や身体のハビトゥス（社会的に埋め込まれた性向）を考える視点は、実に社会科学と密接につながっている。それらを知ることは、周囲の期待を演じることのつらさや、こうあるべきだという理想の鋳型にはまる窮屈さを軽くし、解放感をもたらすにちがいない。

同時にいま、人文学の学問にとって大きな変化が訪れている。情報革命によってこれまで哲学や歴史学、文学、言語学などが対象としてきた言語資料、歴史史料の数々がデジタル化され、巨大なデータに生まれ変わりつつある。膨大な量のデータは、それまで見ることのできなかった人類の歴史の量的変化を、細部にわたる視覚的なイメージで一望できるものに変えていくだろう。それは私たちの学びを大きく変える可能性がある。

しかし、せっかちに答えを急いではいけない。デジタル化した二一世紀になって、反対に私たちの感性や思考を規定している言葉は呪術的な拘束力を強めた。複雑さに立ち止まるよりも、一足飛びに解答にたどりつきやすい単純な言葉が求められるようになったのである。社会は不寛容になり、自由な思考は失われつつある。そうだからこそ、世界の多様性に目をみはり、私たちの言葉を鍛えていくことが求められている。

（紅野謙介）

第1講

自分とは何か——存在の孤独な祝祭

永井 均

†最初の問い

みなさんは、この世界にたくさんいる人間たちの中から、どうやって自分を識別していますか？　たくさんいる人間たちのうち、これが自分だとどうして分かっているのですか？　先を読む前に、ちょっとだけ考えてみてください。

たとえその問いに答えるのが難しくても、世の中にたくさんいる人間たちのうち、一人だけなぜか他の人たちとずいぶん違うあり方をしているやつがいて、なぜそんなのがいるのかは分からないけど、とにかくそいつが自分である、ということはだれでも知っていますね。しかし、その自分とはいったい何でしょうか。なぜ、一人だけ、そんな、他の人と違うあり方をした人が存在しているのでしょうか。

†自分を他の人たちから識別する方法

たくさんいる人間たちのうちから、ある特定の人を識別するとき、ふつう私たちは何らかの特徴を使ってそれをしている。いちばんありふれているのは顔である。電話なら、声も使うだろうし、警察なら指紋、もっと厳密にやらなければならないときは、遺伝子鑑定なども使うだろう。

しかし、たくさんいる人間たちのうちから自分を識別するときには、そのような手掛かりは何も使っていない。顔で識別したくても、通常、自分の顔は見えない。自分なのだから、何か内面的特徴を使っていると思うかもしれないが、そんなこともしない。寂しがり屋で目立ちたがり屋で……といったように、自分の性格的特徴を使って、自分を他の人たちから識別している人はいないだろう。そんなことをしようとしても、それをしようとしているのがすでに自分だから、そんな必要はないのだ。

すでに自分であるとはどういうことだろう？　それは結局、すべては自分から始まっているということではないだろうか。寂しがり屋で目立ちたがり屋で……なのはどの人かな、と探そうとしても、探そうとしている人がすでに自分であるわけである。だから、探した結果「あ、こいつだ！」と分かるようなあり方では存在してはいないことになる。

そういう風変わりなあり方をしているやつを、他の人間から識別できる簡単な方法が、じつはある。たとえばこういうやり方だ。だれかに、たくさん存在している人間の頭を、片っ端からぶん殴ってもらおう。みんな痛がるだろう。しかし他人の頭が殴られてもじつは痛くもかゆくもない。もし、実際に痛く感じられる人間がいたら、そう感じた人は間違いなく自分である。この識別の方法は、たぶん、完璧だと思う。つまり、それは間違いで、そう感じた人は実は自分ではなかった、という可能性がないだろう（ここのところは、本当にそうか、自分でよく考えてほしい）。

じつをいえば、べつに殴ってもらう必要などはない。痛覚などという物騒な感覚を使わなくても、視覚でも、聴覚でも、味覚でも、なんでも同じことがいえるからだ。だれだって、その眼から情景を見ているだろうし、その耳から音を聞いているだろうし、その舌で食べ物の味を味わっているだろうが、実際に見えたり聞こえたりするのは自分だけである。だから、このやり方で自分を識別できそうである。

そうすると、顔かたちでも、内面的特徴でもなく、こんな識別基準を使っていることになるだろう。「その体を殴られると実際に痛く感じられ、その眼から実際に世界の情景が見え、その口に塩を入れられると実際に塩辛く感じる、……等々の人」。これが「自分」であることになる。

ここで使われている例は、痛覚と視覚と味覚だが、もちろん他の感覚でもよいし、特に感覚である必要もない。感情でも、思考でも、空想でも、予想でも、記憶でも、何であれ、それらを実際に持つのは自分だけだからだ。

ところで、この基準では、何が見えているか、どんな感情を持っているか、何を考えているか、といった、そういう内容的なことは、まったく関係してこない。何が見えていようと、どんな感情を持っていようと、何を考えていようと、そうしているのが直接わかったなら、それをしているのは必ず自分である。

†記憶の場合で考えるとちょっと不思議

こうしたことはあたりまえのように思われるかもしれないが、記憶の場合で考えると、ちょっと不思議なことが起こる。何が見えているか、どんな感情を持っているか、考えているか、といったその内容には関係がないなら、記憶の場合も、当然、どんな記憶を持っていようと、何を思い出していようと、それは関係ないことになる。思い出されている内容には関係なく、それを思い出しているのは必ず自分であることになる。

ということはつまり、思い出されている内容が、「二回目の首相になってもう四年か、一回目の時は体調も悪くて苦しかったな」であっても、「この前のオリンピックでは四大会連続金メダルを逃して残念だったな、やはり主将の責任が重かったな」であっても、そのことがありありと思い出されているなら、それを思い出しているのは、自分、すなわちあなたであることになる。これは、ある意味ではあたりまえのことである。なぜなら、他の人がそのようなことをありありと思い出していても、あなたにそれがわかるはずはないからだ。何かをありありと思い出していたなら、それを思い出しているのは必ずあなたである。こんな単発の想起ではなく、記憶の全体が安倍晋三首相の記憶になっていようと、吉田沙保里選手の記憶になっていようと、そんな内容には関係なく、それが思い出されていれば、それを思い出しているのはあなたである。

記憶の全体が安倍首相や吉田選手の記憶になってしまったら、私は、少なくとも心の面では、安倍首相や吉田選手そのものになってしまうではないか。そうしたら、それはもう私ではないではないか、と思うかもしれないが、そんなことはない。安倍首相になってしまおうと、吉田選手になってしまおうと、そんな内容には関係なく、そういう思い出が現に思い出されているなら、思い出しているのはあなたである。(あなたとは別に、本物の安倍首相や吉田選手がいるかもしれないが、その問題はこのこととは関係ない。彼らはもちろん他人である。)

記憶の全体が安倍首相や吉田選手のものになってしまったら、もちろん、あなたのもとの記憶は消滅する。もとの記憶が全部消滅しても依然としてあなたであるところをみると、あなたの記憶はあなたをあなたたらしめる、あなたの本質ではなかったことになる。自分を自分たらしめているその本質は、あくまでも、実際に痛かったり、恥ずかしかったり、考えていたり、思い出したりする、ということであって、考えている内容や、思い出している内容ではないのだ。

逆の場合を考えてみれば、このことはすぐに納得がいくだろう。逆の場合とは、あなたの知らないだれかが、何らかの事情で、現在のあなたとまったく同じ記憶を持ってしまった場合である。その人はあなただろうか。その人の頭を殴られても痛くもかゆくもなく、その人の眼から見えている情景はまったく見えず、その人がいま思い出している（自分とまったく同じはずの）記憶があなたには思い出せないのに。どこかにそういう人がいても、あなたはそういう人がいることを知ることとさえできないだろう。その人は赤の他人である。

†この基準は自分を選び出せるか

さて、ここまでの議論が正しいとすれば、自分を他人たちから識別するのに使える基準は、「その体をくすぐられると実際にくすぐったく、その人の人生の苦しみが実際に苦しく、その人の思い出すことが実際に思い出される人」、というようなことにならざるをえないことになる。しかし、あなたはこの基準を本当に使っているだろうか。これが問題である。

ここから一頁ほどの記述は少々高度な問題に触れている。言っていること自体はだれでも理解できるだろうが、そこに込められた哲学的問題がひしひしと伝わるかどうかは、人による。もし伝わったなら、あなたは哲学に向いている人だといえるだろう。

この基準が使えるということ自体が、じつは不思議なことなのである。というのは、だれもがこの基準を使っているからである。だれもがこの基準を使って自分を他人たちから識別しており、それでうまくいっているのだとすると、だれもがこの基準を満たしていることになる。だれもがこの基準を満たしているのだとすると、そのだれもたちのうちから、あなたはどうやって自分を識別できているのだろうか。これが問題である。ここで、ちょっとだけ考えてみてほしい。

あなたは実際にあなた自身を識別できているわけだから、その最終的な識別にはこの基準を使ってはいないのではなかろうか。なぜなら、この基準はだれもが使っているのだから。それは、だれもがそれぞれ自己自身を選び出すのにしか役に立たないだろう。だれもが自分を選び出すことができても、そのうちのどれがあなた自身の自分であるかは、それだけではわからないだろう。それはちょうど、いつの時点でも、その時点にとっては現在だろうけれど、そういう現在たちのうち、どれが端的な、実際の現在であるかは、それぞれの時点がその時点にとっての現在を選び出すやり方を知っても、それだけでは分からないのと同じことである。そして、それでも、端的な、実際の現在というものは、間違いなく存在するだろう。

†だれにとってもの自分ではないこの自分

だれもがこの基準を使って、多くの人間たちのうちから自分を識別している、と言ったが、もしかすると、それが誤りだったのかもしれない。もう一度、よく考えてみてほしい。「その体を殴られると実際に痛く感じ、その眼から実際に情景が見え、その口に塩を入れられると実際に塩辛く感じる人」、これが「自分」であった。ここに三回登場する「実際に」は、独特の意味を持っていることに注意してほしい。もし、他人たちもそれぞれ、この意味で「実際に」痛かったり、見えたり、塩辛かったりしたら、この基準は使えない。この基準が使えている限り、この意味で「実際に」、痛かったり、見えたり、塩辛かったりするのは、あなた一人だけでなければならないのだ。

言い方を変えて、こう言ってもいい。だれもがこの基準を使っていると言ったが、それは嘘であった、と。ここで使われている意味で「実際に」使っているのは、あなた一人だけであった、と。

†あなたの存在の意味

あなたが生まれる前の世界と、死んだ後の世界を考えてみてほしい。そういう世界でも、もちろん人々はこの基準を使って自分を識別しているだろう。しかし、その世界は、もちろん自分は存在していない世界である。悠久の宇宙の歴史を考えれば、この世界は、ほとんどの期間、自分はいない世界である。自分がいるのは、長くてせいぜい百年程度にすぎない。それはきわめて例外的な期間であることになる。自分がいないとはつまり、(先ほどの「実際に」を使うなら) どんな情景も「実際に」見られることがなく、どんな音も「実際に」聞かれることがなく、どんな味も「実際に」味わわれることのない世界、ということである。

しかし、この意味で自分が存在しているとは、何が存在していることなのだろうか。あなたが生まれたとは、いったい何が生まれたということなのだろうか。おそらくあなたは、ごく平凡な人間の一人にすぎないだろう。だれも持っていない特殊な感覚能力を一人だけ持っている、などということはないだろう。それにもかかわらず、世界はあなたの眼からしか見えない。だれだって自分の眼からしか世界は見えないだろう、などとはもう言わないでいただきたい。そういう問題なら、あなたの生まれる前の世界だって、あなたが死んだ後の世界だって、そうなのだから。今はもう、だれにでもあてはまる、そういう意味での「自分」の話をしているのではないのだ。

だから、むしろ、こう驚くべきなのだ。この二一世紀という時代に、この日本という国に、なぜ、突如として、こんな特殊な、変なものが生じてしまったのか、と。特殊な、変なものとは、その眼から「実際に」世界が見えてしまうような、その体が「実際に」痛みやかゆみを感じてしまうような、いまだかつて存在したことのなかった、不思議な生き物、という意味である。

どうしてこいつだけ「実際に」見えたり聞こえたりしてしまうのか。この違いはどこから生じているのか。この問題には、少なくとも二つの不思議な点がある。第一は、そのような違いが生じる生物学的根拠も生理学的根拠も、それどころか心理学的根拠さえも、まったくないという点である。あなたの視神経や脳の構造や働きは、ほかの人と何の変りもないだろう。それなのに、あなたにだけ、殴られると「実際に」痛いという途轍もないことが実現する。あなたの眼にだけ、「実際に」見えるという途方もないことが起こる。第二は、心理学的根拠さえないということからも分かるように、あなたの眼にだけ「実際に見える」という途方もないことが起こっていることをあなた以外のだれも決して認めない、という点である。あなた以外のすべての人が、あなたのことを、そんな特別なところなど何もない、ただの普通の人間だと言うであろう。それにもかかわらず、この驚くほどの違いが実際にあるのだ。もしそうでなければ、あなたは自分を他人たちから識別できないだろうから。もしその違いがなければ、今あなたである その人が存在していても、あなたは存在していない、ということだから。

この世界の構造

□●△◇▽…
（図1）

□○△◇▽…
（図2）

図式的に描けば、世界はいわばこんなふうになっているわけだ（図1参照）。上から、四角さん、丸さん、三角さん、……と、それぞれ心も体も他の人と異なる、個性ある人々がいるのだが、そのうち一人だけが、なぜか丸さんだけが、他の人たちとまったく違う、「実際に」見えたり、「実際に」痛かったりする、という特殊なあり方をしているわけだ（図1では黒塗りで表されている）。世界は実際にこういう（図1のような）あり方をしている。もしこういうあり方をしてないなら、それはつまり、あなたは存在していない、ということである。

あなたが存在していない世界とは図2のような世界である。だが、図2の世界は図1の世界とまったく同じ世界である。図2の世界にも、やはり丸さんがいて、この丸さんは図1の丸さんと心も体もまったく同一である。ただ、「実際に」見えたり「実際に」痛かったりするという、その特殊なあり方をしていないだけである。

だから、もし図1の世界が図2の世界に突如として変化したとしても、だれも気づかない。あなた自身は突然消滅するのだから、もちろん、気づかない。他の人々にとっては、そもそも何の変化も起こらないのだから、彼らが気づくはずもない。丸さんもこの変化には気づかない。この変化が起こった後の（つまり図2の世界の）丸さんは、前に論じた、あなたとまったく同じ記憶を持った他人にあたる。記憶がそのままなのだから、丸さんもこの変化に気づくことはない。

†存在の祝祭

図2のような、黒塗りの者などいない世界のほうが普通の世界であろう。宇宙開闢《かいびゃく》以来ほんの少し前まで、世界はそういうあり方をしていた。おそらくは数十年後には、またそういうあり方にもどるだろう。宇宙の消滅の時まで。つまり、あなたが存在している期間は、普通とはまったく違う、いわばお祭りのような期間なのである。だから、これを「存在の祝祭」と呼ぶとよいかもしれない。

「存在の祝祭」と呼ぶと、宗教的なもののように感じる人がいるかもしれないが、そうではない。その証拠に、神様でさえ図1の世界と図2の世界の識別はできない。神様はすべての人間の心の中をお見通しだが、だれが黒塗りであるか、そのいちばん肝心なことだけは知ることができない。つまり、神様にはだれがあなたであるかを識別する能力はない。その能力はあなた一人だけにあるのだ。だから、あなたは神の創造物ではない。識別できないものは創造もできないからだ。つまり、この「存在の祝祭」は、他人たちはもちろん神様さえ知ることのできない、孤独な祝祭なのである。

第2講

歴史を問う

古川隆久

†人は歴史から逃れられない

世の中には「私は（俺は）歴史なんか興味ない」という人や、「私は（俺は）歴史なんか嫌いだ」という人がいる。実際、面と向かってそう言われたこともある。しかも、そういう人は決して少なくないらしい。「らしい」というのは、私は、職場の同僚も学生たちも、歴史に興味がある人ばかりという、きわめて特殊な環境にいつもはいるからである。

しかし、人は時間を認識できる以上、「歴史」から逃れることのできる人はいない。実際、世の中には「歴史」があふれている。今、この原稿を書いているまさにこの時、リオデジャネイロでオリンピック大会が開催中であるが、レスリング女子五八キロ級で伊調馨《かおり》選手が金メダルを獲得した。これはオリンピックの女子個人種目で同一人物が四回の大会で連続して金メダルを獲得した最初の例だそうで、「史上初」の四連覇として、少なくとも日本ではあらゆるメディア（新聞、放送、インターネットなど）で大きく報じられている。「史上初」とは、厳密にいえば「今までの近代オリンピック大会の歴史のなかで初めて」ということであり、「歴史」ができごとの重要性を説明する手段となっていることがわかる。

そもそも、宣伝広告によくみられる「新しい〜」という言葉も、「今までの歴史になかった」という意味だから、「史上初」とほぼ同じ意味になる。私が身を置く大学の世界も、受験生向けの宣伝文句に「歴史」「伝統」「新〜」といった文言が必ずといっていいほど入っている。今までの実績を訴えるにしろ、新しい試みの可能性を訴えるにしろ、「今まで」という「歴史」が自己の重要性を訴える主な手段の一つになっているのだ。

実のところ、「歴史なんか興味ない」、「歴史なんか嫌いだ」という話の中の「歴史」とは、「歴史」そのものではなく、学校の歴史の授業を意味することが多いようだ。暗記が苦手、平板な教科書通りの授業が退屈で、テストの成績も悪かったから嫌いになったという図式である。ただし、歴史の先生の話がおもしろかったから歴史が好きになり、史学科に進学したという学生も少なからずいることは小中高の先生方の名誉のために記しておきたい。

また、「歴史嫌い」の人の中には、過去の人生でつらいできごとがあったために過去を思い出したくないから歴史が嫌い、という人もいる。しかし、これも過去を意識しているからこそ出てくる考え方だから、やはり人は「歴史」から逃れられないのである。

†どうやって歴史を認識するのか

さて、人はどうやって「歴史」を認識するのか。過去の人が遺した痕跡を手がかりにするのである。当事者の思い出話や言い伝えから始まって、文字を使って紙や石や金属（刀、鏡）などに書き残された記録、絵画や図像、土器や陶器の破片、建築物や土木施設の遺構、最近のものなら写真や動画、音声の録音などもあり得る。歴史学の世界ではこれらを歴史研究の材料という意味で史料と呼ぶ（考古遺物を史料とは分けて考える場合もある）。これらの言葉やモノが持つ情報を読み取って、過去の歴史のありさまを復元し、そのありさまがなにを意味するのか考える。これが「歴史」を認識するやり方である。これを勘に頼らず、できるだけ誰もが納得できる方法でやってみようというのが歴史学である。

歴史学の営みには大きく分けて二つの側面がある。一つは、過去の人々が遺した痕跡を読み解く作業である。たとえば、遺跡の出土物の多くは文字が書かれていない。そこで、材質や刻まれた模様や図柄を手がかりにいつごろ何のために作られたものの痕跡なのか明らかにすることがまず必要である。炭素年代測定法のような自然科学の助けを借りることもある。文字で記された記録の場合（狭い意味ではこれを史料と呼ぶこともある）は、書かれた言葉や文章の意味を専門的な事典やこれまでの研究成果などを手がかりに読解することから始まる。書かれた年代が明記されていない場合は、それも知りたいところだ。もし、文章のなかに、ある時代に起きたことがわかっているできごとや、ある時代に生きていたことがわかっている人物が出てくれば、年代を推定できる。手書きの文書であれば、言語を問わず草書で書かれていることが多いので、文字の解読からはじめることになる。

†史料批判という作業

内容を理解する過程では、誰が何のために書いた（作った）のかを確かめることが大事だ。たとえば、官僚機構のなかで部下が上司に提出した業務報告書の場合、隠ぺいできそうな不正や失敗は書かれるはずがない。しかも場合によっては、上司も承知の上で組織ぐるみで不正や失敗を隠ぺいすることもあり得る（今もよくある）。当然、報告書にどこまで本当のことが書かれているか裏づけるため、他の手がかりがないか探してみる必要が出てくる。

こうした史料を読み解く一連の作業を、歴史学の専門用語で史料批判という。本当は史料批評、あるいは史料評価というべきだろうが、外来語の翻訳語である関係でわかりにくい訳語となり、それが定着してしまった。

史料批判の作業を進めるうちに、ある史料がニセモノ（偽文書）だということがわかることもある。書かれたとされる年代が明記されているのに、その時代にはすでに死んでしまっている人物、使われなくなっているはずの言い回しが登場すれば偽造だとわかるし、内容を精査すれば、何のためにいつ偽造されたのかわかることが多い。今でもよくあるのは遺産相続をめぐる遺言状の偽造である。これは筆跡で真偽を鑑定することが多いが、偽文書の場合も、筆跡鑑定は真偽判定手段の一つである。ただし、偽造されたこと自体は歴史的事実で、何らかの事情があってのことだから、偽造された文書も歴史を研究する材料であることは変わらない（久野俊彦・時枝務編『偽文書学入門』柏書房　二〇〇四年）。

†史実の意味を知りたい

こうして、あることがらが実際にあったことだとわかった場合、次にその史実にどんな意味があるのか、ことがらの評価を知りたくなるのが人情というものである。伊調選手の金メダルのニュースの場合、単に四大会連続（四連覇）という事実だけでなく、それが史上初であるという意味が人々にとって重要だとされたことは、報道ぶりからみて明らかである。伊調選手の四大会連続金メダルが史上初であると判断するためには、近代オリンピック大会におけるレスリング女子で誰が金メダルを獲得したかがすべて記録されていることが必要である。幸い、これは各大会のオリンピック組織委員会によって実行されているので、我々は「史上初の四連覇」という意味付けを無条件に信用し、余計な事を気にする事なく「すごいなあ」「偉いなあ」

と素朴に感心できるのである。

ところが、伊藤博文が歴史上に持った意味となると話は単純ではない。伊藤博文が、非西洋世界ではオスマン・トルコに続いて二つ目、東アジアでは初の近代的憲法である大日本帝国憲法の制定を主導した人物だったことは歴史的事実である。この事実をもとに、伊藤を、日本の近代国家確立の最大の功労者の一人として肯定的に評価することができる。実際、伊藤は生前から「元勲」の一人だったし、戦後の一時期、千円札の図柄となったこともこうした評価の影響である。つまり、伊藤は「偉い」人物の一人だと評価されてきたのである。

しかし、一方で、伊藤には、「偉くない」側面があることも事実である。たとえば、伊藤は一九〇九年に旧満州(現在の中国東北部)ハルビンで朝鮮の安重根に狙撃されて一生を閉じるが、安の動機は、伊藤が初代韓国統監だったことだった。韓国は日露戦争(一九〇四〜一九〇五年)の時から三次にわたる日韓協約によって外交権を日本に奪われて日本の保護国となり、韓国を監督するために韓国の首都京城(現ソウル)に韓国統監府が設置され、伊藤は初代韓国統監となった。伊藤は日本が朝鮮半島を植民地化していく過程で重要な役割を果たしたので、朝鮮半島の人々からは当時も今も否定的に評価される存在である。

それだけではない。伊藤の作った大日本帝国憲法は様々な問題を抱えていた。天皇の専権事項は首相や閣僚の任免、軍事や外交など幅広く設定された一方、民選議院である衆議院の形式上の権限は弱められた。その手段としては、憲法の緊急勅令（緊急時には議会の審議なしで天皇の権限で国民の権利義務を制限できる）や前年度予算執行（議会で予算案が否決されても前年度の予算案を再度執行できる）の条文、枢密院や貴族院などがあった。その結果、一部のエリートによる密室政治が行なわれやすくなった。しかも天皇はすべてを超越した統治者という立場を与えられたので、天皇の権威に守られた内閣や軍首脳部は、失敗をしても隠ぺいしたり責任問題をごまかしやすくなった。

†伊藤博文の憲法制定の問題点

伊藤は、不平等条約改正のために近代的憲法の実施を必要だと考えていたため、民選議会の開設は必要だと考えていたが、当時の自由民権運動を自己の権利ばかり主張して国家の維持発展を考えない政治運動として低く評価しており、民権派が議席の多数を占めることが確実だった衆議院の力を抑えやすい制度を作ったのである。

実は、伊藤は、枢密院での憲法案審議のなかで、天皇の権威が形式的なもので内閣に実権を持たせるのが真意であること、政治を円滑に進めるには衆議院の力もある程度認めるべきであることをほのめかしていた。しかし、民権運動を抑えるため、天皇の絶対的な権威と権力を誇示することが優先されたため、この議事録は非公開とされた。

伊藤の仲間で陸軍の制度確立を主導した山県有朋も、日清戦争後から日露戦争後にかけて、それでも次第に影響力を増していた政党勢力（かつての民権派）の軍部への政治介入の可能性を断つため、各種の手段で「統帥権の独立」を確立させた。軍部大臣現役武官制、内閣を経由せずに軍事関係の法令を制定できる軍令制度、内閣にも極秘裏に国防計画を定めてしまう帝国国防方針の設定などがこれにあたる。

その結果、当初は伊藤ら「元勲」が政権をたらいまわしする密室政治が行なわれ、一九〇〇年代に彼らは第一線を退いても元老として首相の選任に介入した。一九二〇年代中ごろに政党内閣が続くようになっても、天皇の絶対性や統帥権の独立が政党政治を脅かし、一九三二年の五・一五事件で政党内閣が途絶えると、軍人や官僚中心の密室無責任政治が再び幅を利かせ、戦争へと転げ落ちて行ったのである（拙著『ポツダム宣言と軍国日本』吉川弘文館　二〇一二年）。

憲法制定に先立つ一八八一年、時の参議（現在の閣僚に相当）大隈重信は、政府に提出した意見書のなかで議院内閣制にしないと権力者が権力にしがみついて政治が乱れると警告を発したが、この意見は急進的すぎるとして大隈は伊藤らによって政府から追放された。明治一四年の政変である。しかし、長い目で見れば大隈の警告は当ってしまったのである。

こうした事実関係を考えれば、伊藤博文を無邪気に「すごい」「偉い」とは言えなくなる。

このように、歴史的事実の意味付け、評価というのは、その事柄の人類社会への影響が多面的であればあるほど、あるいは大きければ大きいほど、むずかしいことがわかる。

†時間が経てば評価は変わる

それからもう一つ、歴史的事実の評価の問題としては、時間がたてば変わることがあり得るということがある。たとえば、伊調選手が次のオリンピックでも金メダルをとって、さらに「すごい」ということになれば、その記録の方が歴史に残ることになるし、あるいは、いつか、別の選手が史上初の五連覇・六連覇をなしとげたら、そちらの方が歴史に残ることになる。

歴史に唯一絶対の答えがあり得るかどうかは、古来、歴史をめぐる哲学的問題の一つである。しかし、ここまでの話をもとに整理すれば、個々のことがらの事実関係は、原理的には一つの答えに決まるはず（決まらないとすればそれは決定に必要な材料が不足しているため）であるが、そのことがらの意味付けは、視点によって、時間的経過によって変化し得る。評価というのは他のことがらとの関係で決まるから、時間が経過して比較し得ることがらが増えたり、新たな視点が発見されれば評価が変わるのはむしろ当然といってよい。だから、学校の教科書でとりあげることがらが変わったり、ことがらに対する評価が変わるからといって歴史学が欠陥学問だと批判するのは正しくない（渓内謙『現代史を学ぶ』（岩波書店　一九九五年）。歴史学以外の分野でも同じことはたくさんあるからである。

たとえば、医学に関わる例では、かつて、私の子供時代（一九六〇年代後半）、たばこは大人の嗜好《しこう》品の一つとして広く市民権を得ていて、吸う人も多かった。しかし、その後医学的にたばこの有害性が明確になると、たばこの煙を吸わない権利、すなわち嫌煙権という概念が生まれ、禁煙スペースがあちこちに作られるようになり、今では禁煙が普通で、むしろ喫煙できる場所の方が少なくなってしまった。

科学技術に関わる例では、一九世紀末に発明された固定電話は、日本では一九六〇年代以降家庭に普及し、料金を払えば誰でも使える公衆電話も都会では多数設けられた。しかし、技術の進歩によって、二一世紀に入り、携帯電話、さらにはスマートフォンが普及したため公衆電話は激減し、固定電話を持たない家庭も増え、長らく日常の風景だったダイヤル式の固定電話は、現在では博物館の展示品と化している。評価は変わる。これは歴史学だけでなく、むしろ広く日常で普通に起きることなのだ。

†歴史に触れる手段

ところで、歴史が好きだという人も、歴史に触れる手段としては、観光旅行で史跡を訪ねるという手段以外では、歴史学者が書いた本よりは、歴史物の小説、テレビドラマ、映画、マンガ、コンピュータゲームだという人の方がはるかに多いはずだ。これらはたしかに楽しいし、これらによって歴史上の人物や、城郭など歴史的な建造物に親しみを覚えるようになる人も多い。史学科の学生でも、歴史に興味を持つきっかけがこれらだったケースは少なくないし、かくいう私も、テレビドラマや、映画（特に太平洋戦争開戦を描いたアメリカ映画『トラ・トラ・トラ』）がこの道に入るきっかけだった。

しかし、小説やドラマやゲームは、「本当」かどうかよりは「おもしろい」かどうかが優先される。だから、話をおもしろくするために、史料にはない、つまり本当はなかった（いなかった）、あるいはあったか（いたか）どうかわからない行動や発言や人物がしばしば登場する。企業の経営者が歴史を学ぶためにしばしば愛読している司馬遼太郎の小説でさえ史実の改ざんや誇張は日常茶飯事である（これについて歴史学者が書いた本が何冊かある）。

それに比べて、歴史学者の書いたものはそういうおもしろさはない。しかし、読んでおもしろい歴史学の学術論文や研究書は存在するし、それらを読みやすくした新書や選書もある。確固たる史実の確定、史料の読解を通して、われわれの常識を打ち破ったり、視野を大きく広げてくれるような内容のものは読んでおもしろい。

私の乏しい読書経験から例を挙げれば、大学生の時に読んだ、岩波新書の笠松宏至《ひろし》『徳政令』（一九八三年）は、教科書では一行ですんでしまう、日本中世史のあるできごとの背景に、こんなにも驚きの人間模様が広がっていたことが史料の読解の結果として示されていて、歴史を研究すること、つまり歴史学のおもしろさを改めて認識したし、中公新書の宮崎市定《いちさだ》『科挙』（一九六三年）も、前近代中国の官僚採用試験である科挙の実態について、想像を超える初めて知ることがらの連続に、中国という国家のスケールの大きさや人間の可能性について考えさせられ、やはり大変おもしろかった。

教職についてから読んだフィリップ・アリエス『〈子供〉の誕生』（杉山光信・杉山美恵子訳、みすず書房　一九八〇年）は、ヨーロッパの絵画における子供の描き方の変化を主な手掛かりに、保護すべき教育すべき対象としての子供という概念が近代になって生まれ、それは人々を中世とは別の形で新たな身分や階層に分けていく要因の一つでもあったと論じる研究書だが、これも、絵画を史料として用いるという手段の斬新さと、子供という概念は歴史的に作られたものだという意外な事実で印象に残る研究書である。そして、高岡裕之「観光・厚生・旅行」（赤澤史朗・北河賢三編『文化とファシズム』日本経済評論社　一九九三年）は、戦時下日本の人々のしたたかさを思い知らされて以後の自分の研究に大いに刺激となった鮮烈な論文である。

†論理と証拠で歴史を問う

もちろん、こうした強烈な知的興奮を経験できる研究論文、研究書はそう多くない。しかし、どの論文でも研究書でも、たとえ小さくても必ずなんらかの発見や驚きがある。ある研究が論文や研究書の形でまとめられるということは、なんらかの発見や驚きがあったからなのだ。

そして、歴史学研究の過程での発見や驚きは、それが史料に、史実に基づいたものであるだけに、歴史に題材を取った小説やドラマよりも、過去を真剣に考えた上で現状や将来を考える手段としては有効だ。なぜなら、それは良くも悪くもかつて本当にあったことだからだ。「事実は小説より奇なり」という格言もあるではないか。その意味で、論理と証拠で歴史を問う歴史学はおもしろいし、みんなの役に立つのである。

最後にひとこと。おもしろい論文や研究書があると書いたが、実は、自分で史料を読んだり、発掘してみるほうがはるかにおもしろい。昔の人が書いたり作ったものに自分で直接触れることができるのだから。そして、草書体や古文、漢文、外国語が読めれば、未公刊や現代の日本語に訳されていない史料も自分で読めるので、史料を読むおもしろさは何倍にもなるのである。

◇ブックガイド

小田中直樹『歴史学ってなんだ?』(PHP新書　二〇〇四年)
佐藤卓己『ヒューマニティーズ　歴史学』(岩波書店　二〇〇九年)
三成美保・姫岡とし子・小浜正子編『歴史を読み替える　ジェンダーから見た世界史』(大月書店　二〇一四年)

…

一ノ瀬俊也『戦艦大和講義　私たちにとって太平洋戦争とは何か』（人文書院　二〇一五年）

…

第3講

物語を読む・作る――古典と二次創作

佐藤至子

†二次創作とパロディー

小説を基に作られた映画や、マンガが原作となっているミュージカルについて見聞きしたことのある人は多いだろう。そのように既存の作品を基に新たな作品を作ることを「二次創作」という。『現代用語の基礎知識2016』（自由国民社　二〇一六年）では、「二次創作」について次のように説明している。

既存の作品に基づいて、新たな作品を創作すること。同人誌などのパロディーや音声合成技術によるボーカロイド動画の連鎖などが典型例だが、広く音楽のサンプリング、現代アートにおけるコラージュなど20世紀以降の表現の多くを含む。日本は和歌の本歌取り、歌舞伎から黒澤明の映画に至るまで、二次創作の豊かな伝統を誇る。

二次創作における原作の扱われ方は、作者の姿勢によって大きく二つに分けられる。一つは原作から抽出した要素を作品内部に潜ませて、読者が原作の存在に気づかなくてもかまわないというもの。もう一つはその逆で、読者が原作に気づけるように明示していくものである。「同人誌などのパロディー」は、原作がすぐにわかる作りになっているケースが多いだろう。パロディーは、原作と重ねて読む楽しさを追求するものである。原作を知る人々が多ければ多いほど、パロディー作品も広く受け入れられることになる。

つまり、パロディーがうまくいく条件は二つある。一つは原作の面影を積極的に残すようにして作ること、もう一つは原作を知っている人がなるべく多いこと、である。

後者の条件を満たす原作としては、どのようなものが考えられるだろうか。例えば爆発的にヒットした作品などは、パロディーが作りやすいかもしれない。ヒットした時期からしばらくの間は、多くの人がその作品を記憶しているはずだからである。また、長い時間をかけて人々に浸透してきた作品もパロディーに向いていると言えるだろう。有名な古典文学などが、これにあてはまる。

†近世における古典文学の浸透

和歌や歌舞伎に限らず、日本の文学は二次創作の宝庫である。これについて、特に近世（江戸時代）の文学に即して考えてみよう。

近世は古代・中世の後に続く時代であり、近代の前にあたる時代である。例えば『伊勢物語《いせものがたり》』や『源氏物語《げんじものがたり》』などの古代後期（平安時代）の文学は、近世の人々にとっても既に古典文学だった。私たちが古典を読む時に古語辞典や注釈書（難解語句を取り上げて説明した書物）を参照するように、近世の人々も注釈書などを用いながら古典を読んでいた。

ところで、そのように古典に親しむ読者の数は、中世よりも近世のほうが格段に多かったと考えられる。それは近世に印刷技術が普及し、出版文化が成立したことと関係がある。近世より前の時代には、出版が全く行われていなかったわけではないが、多くの書物は基本的には書き写すことで複製されていた。注釈研究などの学問的知見を共有できるのも、上流階級の人々にほぼ限られていた。だが一六世紀末（安土桃山時代）にヨーロッパと朝鮮のそれぞれから活字印刷の技術がもたらされると、日本でも活字が作られ、仏教書・歴史書・日本の古典文学など、様々な書物が出版されるようになった。この時期から一七世紀の中頃までに活字印刷によって出版された本のことを「古活字本《こかつじぼん》」という。また一七世紀の後半以降は、板に文字や絵を彫刻し、それを使って印刷する整版印刷が普及した。この方法で印刷された本のことを「整版本《せいはんぼん》」という。

印刷技術の普及は、同じ書物を大量に複製することを可能にした。その結果、それまでは限られた人々によって享受されていた古典も、より多くの人に読まれるようになっていったのである。

†『伊勢物語』と『仁勢物語』

一六〇八(慶長一三)年、嵯峨本《さがぼん》の『伊勢物語』が出版された。嵯峨本は慶長年間に京都の嵯峨で出版された古活字本で、料紙と装丁の美しさで知られている。『伊勢物語』の他にも『徒然草《つれづれぐさ》』や『古今和歌集《こきんわかしゆう》』などが嵯峨本として出版されており、近世初期における古典の普及と啓蒙に一定の役割を果たしたことが評価されている。

嵯峨本『伊勢物語』には一六〇八年に出版されたものの他、一六〇九(慶長一四)年と一六一〇(慶長一五)年に出版されたものもある。さらに一六二九(寛永六)年には、嵯峨本『伊勢物語』の形態的特徴をほぼ踏襲した整版本の『伊勢物語』も出版されている。この当時の『伊勢物語』の人気ぶりが想像される。

こうした状況のもと、『伊勢物語』のパロディー作品である『仁勢物語《にせものがたり》』(作者不明、寛永末頃刊)が生まれた。

『仁勢物語』は、『伊勢物語』全段の本文を逐語的にもじった作品である。しかも、挿絵の位置や構図も含めた書物としての形態は、特に一六二九（寛永六）年版の『伊勢物語』に類似していることが指摘されている（片桐洋一「仁勢物語の形態と成立」『国語国文』一九七三年六月）。題名の通り、『伊勢物語』に「にせ」た作品なのである。

†「東下り」はどうパロディー化されたか

具体的に『伊勢物語』第九段（東下りの段）が『仁勢物語』でどのようにパロディー化されたか、読み比べてみよう。まず、一六二九（寛永六）年版『伊勢物語』（東京大学総合図書館所蔵本）の本文を引用する（読みやすくするため、原文の平仮名は適宜漢字に置き換え、濁点と句読点を付す。漢字は新字体を用いる。踊り字は平仮名に変え、会話文等に「　」を加える）。

むかし、男ありけり。その男、身を要なきものに思ひなして、「京にはあらじ。東の方に住むべき国求めに」とて行きけり。もとよりともとする人、一人二人して行きけり。道知れる人もなくて、まどひ行きけり。三河の国八橋といふ所に至りぬ。そこを八橋と言ひけるは、水行河のくも手なれば、橋を八つ渡せるによりてなむ、八橋といひける。その沢のほとりの木の陰におりゐて、乾飯食ひけり。その沢にかきつばた、いと面白くさきたり。それを見て、ある人のいはく、「かきつばた、といふ五つ文字を、句のかみに据へて、旅の心を詠め」と言ひければ、詠める。

からころも着つつなれにしつましあればはるばる来ぬる旅をしぞ思ふ

と詠めりければ、みな人、乾飯の上に涙落としてほとびにけり。

要約すると、次のようになる。自分を無用の存在とみなした男が、前々からの友人一人二人とともに、京都から東の方へ下ってきた。道を知っている人もおらず、迷いながら行った。三河(現在の愛知県)の八橋という所に着き、携帯食の乾飯を食べた。沢には杜若が美しく咲いていた。そこで「かきつばた」の五文字を織り込んで旅の気分を詠みなさいと言われ、男が詠んだ和歌は、慣れ親しんだ妻を都に置いて遠く旅をしてきたことに思いをはせる内容だった。その和歌を聞いて、皆、泣いてしまった。

次に、この部分をパロディー化した『仁勢物語』の本文を見てみよう。

をかし、男有けり。其男、身を要なき物に思ひなして、「京にはあらじ。東の方に住むべき」とて行きけり。連とする人、一人二人行けり。道知れる人もなくて、問ふて行きけり。三河国岡崎といふ所に至りぬ。そこを岡崎とは、茶売あるによりてなむ、岡崎と思ひける。其宿の家に、立寄りて旅籠飯食ひけり。その棚に、柿つ蔕《へた》、いと多くありけり。それを見て連れ人、「かきつへた、といふ五文字を、句の上に据へて、旅の心を詠め」と云ひければ、詠める。

徒歩道を昨日も今日も連れ立ちて経巡り廻る旅をしぞ思ふ

と詠めりければ、皆人笑ひにけり。

要約すると、次のようになる。自分を無用の存在とみなした男が、一人二人の道連れとともに、京都から東の方へ下ってきた。道を知っている人もおらず、尋ねながら行った。三河の岡崎という所に着き、旅籠に立ち寄って食事をした。旅籠の棚の上に、柿の蔕がたくさんあった。そこで「かきつへた」の五文字を織り込んで歌を詠みなさいと言われ、詠んだ歌は、徒歩の旅を連れ立って昨日も今日も続けて、あちこち巡り歩く旅であることよ、というものだった。この狂歌を聞いて、皆、笑った。

『伊勢物語』の本文と比べると、まず書き出しの「むかし」を「をかし」に変えているところが笑いを誘う。その後は『伊勢物語』とほぼ同じ表現が続くが、「道知れる人もなくて」の後は「まどひ行きけり」ではなく「問ふて行きけり」になっている。道がわからなければ誰かに尋ねるという、現実的な行動へと転換させている。行き先は八橋ではなく岡崎に変え、当時の岡崎の様子（茶の市があり、旅籠が多かったこと）をふまえた記述がなされる。最も笑えるのは

「かきつばた」を「かきつへた」に変えている点である。美しい杜若は和歌の題材になるが、何の趣もない柿の蔕は和歌の題材にならない。だから、通常ならここで歌を詠む展開になるはずがない。にもかかわらず「かきつへた」の歌を詠むことになってしまうのは、これが『伊勢物語』のパロディーだからである。この、いかにもこじつけた感じが笑いを誘う。その歌を聞いて皆が笑ったのは、歌の内容が面白いというより、「かきつへた」の五文字をうまく織り込んだことに喝采したと解釈するべきだろう。

『伊勢物語』には、都から来た貴族たちが旅先で感じる心細さやわびしさが表現されており、詠まれた和歌には都に残してきた人を思う切ない気持ちがあふれている。全体として、優雅で感傷的な雰囲気が漂っている。一方の『仁勢物語』では、道がわからなくても誰かに聞いて解決し、旅籠で食事をする庶民の旅が描かれている。贅沢ではないが、わびしくもない。狂歌を詠むのも旅の座興である。ここには『伊勢物語』とは対照的な、明るく活力にあふれた庶民の姿がある。

挿絵も比べてみよう（図1・図2）。寛永六年版『伊勢物語』第九段の挿絵（図1）には、八橋と杜若を背にして座る貴族の男と友人二人が描かれている。一人は袖を顔にあてている。「かきつばた」の和歌を聞いて泣いているところだろうか。これに対して『仁勢物語』の挿絵（図2）には、旅籠で食事をとる三人の男が描かれている。三人とも笑っており、二人は柿の蒂を手にしている。「かきつへた」の狂歌に興じたところだろうか。

このように『仁勢物語』では、『伊勢物語』に描かれた貴族の物語が庶民の物語に変えられ、優雅で切ない情景が卑俗で明るい情景に転じられている。『伊勢物語』の文章の骨組みを残しながら、一つ一つのことばが響きの似た別のことばに変えられているので、『伊勢物語』を読んだことのある読者には、これがパロディーであることはすぐにわかったはずである。読者たちは頭の中で二つの作品を重ね合わせて、似ているがゆえに際立つ落差を楽しんだに違いない。

図１　寛永六年版『伊勢物語』東京大学総合図書館所蔵

図２　『仁勢物語』（赤木文庫）早稲田大学図書館所蔵

†『源氏物語』と『偐紫田舎源氏』

平安文学の最高峰は『源氏物語』である。平安時代の末期から近世にかけて『源氏物語』の注釈書は多数作られているが、中でも一六七五（延宝三）年に出版された北村季吟《きたむらきぎん》の『源氏物語湖月抄《げんじものがたりこげつしょう》』は、それまでの古い注釈を精選しているだけでなく、本文に傍注や頭注を施すという読みやすい形式で書かれており、広く流布した。

こうした『源氏物語』の享受を背景として、近世後期には『源氏物語』を原作とする大ヒット作品が生まれた。合巻《ごうかん》『偐紫田舎源氏《にせむらさきいなかげんじ》』である。「偐」は「にせもの」を意味する。『偐紫田舎源氏』という題名には、「にせもの」の「紫」式部による「源氏」物語、という意味が込められている。

合巻は、挿絵が豊富にある大衆向け小説の一種である。『偐紫田舎源氏』の作者である柳亭種彦《りゅうていたねひこ》は旗本であり、『源氏物語湖月抄』を読んで創作に役立てていた。『偐紫田舎源氏』は好評を博し、一八二九（文政一二）年から一八四二（天保一三）年まで全三八編が出版されたが、天保の改革による出版統制で絶版処分となり、未完に終わった。

物語の舞台は室町時代の足利将軍家である。主人公の足利光氏《みつうじ》は将軍足利義正の次男で、幼くして実母を亡くし、成長後は多くの女性と関わりを持つ。このような人物像は『源氏物語』

の光源氏をふまえたものだが、『源氏物語』と異なるのは、光氏の好色が見せかけに過ぎない点である。光氏はわざと「浮世狂い」（女色にふけること）を演じ、実際は陰謀の阻止や家宝の探索のために行動しているという設定になっている。

有力な武家を背負う主人公が家を揺るがす困難に立ち向かうというストーリーは、近世の浄瑠璃や歌舞伎によくある御家騒動物のパターンである。『偐紫田舎源氏』がこのパターンをふまえていることは、この作品が浄瑠璃や歌舞伎を好む人々を読者に想定して書かれていることをうかがわせる。また、歌舞伎は時代背景や登場人物がある程度固定している「世界」に様々な「趣向」を加える方法で作られているが、そうした「世界」の一つに、室町時代を舞台に足利将軍らが登場する「東山の世界」があった。つまり『偐紫田舎源氏』は、室町時代を描いた「東山の世界」に『源氏物語』を組み合わせた作品と言える。作中に登場する人物も、『源氏物語』に基づく人物と「東山の世界」の人物とが混在している。

図３『偐紫田舎源氏』五編口絵　国立国会図書館所蔵

さらに興味深いのは、挿絵では人物の服装や髪型、持ち物などが近世風に描かれていることである。一例として、六条三筋町の遊女阿古木《あこぎ》（『源氏物語』の六条御息所に相当する人物）の肖像を見てみよう。髪に何本もの簪《かんざし》をつけており、その姿は近世の遊女そのものである（図3）。室町時代という設定であるにもかかわらず人物の見た目が近世風というのはおかしな気もするが、合巻では、作中の服飾描写は必ずしも時代設定に忠実というわけではないのである（なお、歌舞伎についても同じことが言える）。多くの読者が親しめるように工夫した結果、このような挿絵になったと考えられる。

作者の柳亭種彦は、『偐紫田舎源氏』の読者として二つの層があることを認識していた。一○編の序文には、『偐紫田舎源氏』での『源氏物語』の扱いについて、年老いた友人と若い友人のそれぞれから言われた意見というかたちで次のようなことが書かれている。

・年老いた友人の意見……『源氏物語』の筋立てを崩さず、できればことばもそのまま使って書いてください。『源氏物語』を読んでいない子どもにとって、少しは『源氏物語』を理解する助けになるでしょう。

・若い友人の意見……『源氏物語』の筋立てを変えて、歌舞伎や浄瑠璃のように書いてください。『源氏物語』を読んでいない人などいないでしょう。

二人の意見の違いは、それぞれが想定している読者の違いに基づいている。一方は『源氏物語』を読んだことのない人（子ども）も『偐紫田舎源氏』を読むと考えており、一方は『偐紫田舎源氏』の読者の中に『源氏物語』を読んでいない人はいないと考えている。

これは、種彦の心の中を表しているのかもしれない。『偐紫田舎源氏』を多くの人々に楽しんでもらうにはどうしたらよいか、『源氏物語』を知らない読者と知っている読者の両方に配慮して創作することの苦悩が伝わってくるようである。

†「読む」と「作る」を支えるメディア

近世の人々にとって古典文学は、読書や研究の対象であるにとどまらず、創作の材料でもあった。本講では『伊勢物語』と『源氏物語』に基づく作品を紹介したが、近世にはこうした形式のもの以外にも、古典の文体を模倣した小説や謡曲の名場面を取り入れた浄瑠璃といった多様な二次創作が生み出されていた。ここには、既存の作品が様々な形で創作の素材源となること、言いかえれば、ある作品を読んだ人間が別の新たな作品を作り出し、その作品がまた新しい読者に読まれていくという循環が見いだせる。

最後に、こうした享受と創作の循環を支えるメディアについて考えてみたい。物語を読むこと、そして作ることは人間の個人的な営為であるが、その営為はその時どきのメディアに支えられている。近世には、それまでの写本文化に加えて出版文化が成立し、古典文学の普及が進み、それが古典文学を原作とする二次創作をはぐくむ土壌となった。そして現代でも、出版物というメディアは古典文学の普及を支える主要な柱であり続けている。著名な作品は何種類もの活字翻刻や注釈書が出版され、人々に読み継がれている。

近年では、こうした伝統的なメディアによる享受に加えて、新しい技術を使った享受も広がりつつある。例えば早稲田大学図書館や立命館大学アート・リサーチセンター、国立国会図書館、国文学研究資料館などの機関では、所蔵する古典籍資料のデジタル化と、インターネットを通じた公開が進められている。現物を手に取ることが難しい貴重書も、端末の画面で画像を容易に閲覧できる環境が整いつつある。

このような享受の方法が定着し、画像だけではなく翻刻テキストの整備も進めば、埋もれていた作品にも光があたり、私たちは従来よりはるかに多くの古典文学にふれられるようになるだろう。そこから、これまでにないかたちの二次創作も生まれるかもしれない。情報科学と技術の進展は、文学の享受と創作をめぐる環境をも大きく変えていく可能性があると言えよう。

＊『仁勢物語』の本文は日本古典文学大系『仮名草子集』（岩波書店　一九六五年）から引用した。『偐紫田舎源氏』は新日本古典文学大系『偐紫田舎源氏』上・下（岩波書店　一九九五年）で読むことができる。

第4講

映画に見る現代「中国」

三澤真美恵

†中国学の広汎な領域

「中国」と聞いて思い浮かべるのは、どんなイメージだろうか。

マス・メディアが喧伝するのは、大国化する中国の脅威や「反日」デモで暴徒化する中国人などマイナスなイメージに偏っている。

他方、私たちが当たり前に使っている漢字は中国から伝わったもので、ことわざや格言も中国古典に由来するものが多い。『三国志』などはゲームや漫画を通じて現代日本のサブ・カルチャーのなかにも溶け込んでいる。こうした古き良き中国にまつわるものについては、日本でもプラスなイメージが付与されてきたといえる。

日本における中国学は、後者すなわち数千年の歴史を持つ中国古典の世界を対象に、長い時間をかけて積み上げられてきた。それは前近代においては漢学と呼ばれ、文学、歴史、思想、言語、芸術などの各領域が含まれていた。この点、現在の中国学は古典のみを対象とするにとどまらない。政治経済の現状分析、環境問題やジェンダー問題、中国各地の少数民族やその文化、世界に散らばる華人ネットワークや華人文学など、ジャンルはもちろん時間的にも地理的にもきわめて広汎だ。

つまり、中国学の対象とする「中国」とは古き良き伝統中国に限定されるものではないし、ましてや現代の中華人民共和国の枠組みに限定されるものでもない。

ここでは、中国学のひとつの試みとして、現代「中国」の多様性を映画という切り口から見ていきたい。具体的な映画を読み解くことで、現代の「中国」もマス・メディアが伝えるような一面的なものではないことが見えてくるはずだ。大切なことは、常識や思い込みから身を引き剝がして、対象に向き合うことだ。

映画には、私たちが生きているこの世界を別様に見せる力がある。と同様に、あらためて常識や思い込みを強化してしまう力もある。それは、私たちが映画に没入することで、つかの間、他者の眼差しを獲得するからだ。現代「中国」の映画は、私たちにどのような眼差しを与え、どのようなイメージを伝えようとしているのだろうか。

†急成長する中国映画界

映画といえば、ハリウッドである。少なくとも、二〇世紀の後半まではそうだったはずだ。そのハリウッド映画が、二〇一〇年代に入ってから明確に中国市場を意識し始めていることにお気づきだろうか。『007スカイフォール』（二〇一二年）、『パシフィック・リム』（二〇一三年）、『トランスフォーマー／ロストエイジ』（二〇一四年）、『オデッセイ』（二〇一五年）、『インディペンデンス・デイ　リサージェンス』（二〇一六年）など、舞台を中国にしたり、配役に中国人俳優を起用したり、中国製品を画面に登場させたり……といった工夫がある。『アイアンマン3』（二〇一三年）のように、通常版とは別に中国市場向けに編集された中国版が存在するものもある。背景には、中国大陸の映画市場が世界最大規模に成長し、ハリウッド側が中国市場の好みを無視できなくなったことと同時に、中国側の大手企業がハリウッドの個別作品に出資するのみならず、映画製作会社や映画館チェーンを買収するなど、ハリウッド映画産業そのものに直接参入するようになった、という事情がある。中国大陸の映画産業も、市場の拡大と政府による後押しによって、製作や配給上映などの各分野で爆発的ともいえる成長を遂げている。

ただし、中国政府（国家新聞出版広電総局電影局）による検閲は緩んではおらず、中国大陸では審査済みの脚本で製作された映画が完成後に変更を余儀なくされたり上映が禁じられたりするケースもある。審査基準は曖昧で、政治批判や性描写、暴力描写のほか、宗教、少数民族、LGBTなどのテーマも問題視されやすい。検閲の存在は中国大陸の映画市場に参入しようとする者にとってきわめて深刻な問題である。一九九七年に英国の植民地統治下から中華人民共和国に返還された香港の映画界もまた例外ではない。

†二極化する映画人

香港は「一国二制度」下の特別行政区として五〇年間は「高度な自治」を保障されているが、経済面での融合が進むにつれ、中国共産党による言論や文化の統制が強まり、「港人治港（香港人が香港を治める）」の原則が揺れている。こうしたなか、香港映画界も検閲による表現の制約を承知のうえで中国大陸の資本や市場に活路を求める方向と、中国大陸の資本や市場をあきらめる覚悟で表現の自由を求める方向に、二極化しつつある。

いま中国で最も影響力ある映画人といわれるチャウ・シンチーの最新監督作『美人魚』（二〇一六年）は公開一二日目でハリウッド映画も含めた中国大陸の歴代興収記録を塗り替え、業界の度肝を抜いた。ここ数年中国で特に関心の高まる環境破壊に関するメッセージ性もあるが、環境汚染による深刻な被害が報じられるなか、『美人魚』が示す解決策は人魚に恋したトップの一声で環境破壊の工事が阻止される、という楽観的なもの。穿った見方をするなら「環境問題もトップにまかせておけばよい」と解釈できる。中国共産党の機関紙（ウェブ版『人民網』二〇一五年二月五日）も近年のチャウ・シンチー映画をべた褒めしている。「香港本土化意識」

を離れ、過去作品の狡猾さや猥瑣な印象とは全く異なっている、というのだ。「本土」は中国語で「地元」「本国」の意味を持つため、この言葉は香港を中国大陸と異なる独自の「地元」「本国」として捉える意識を指す。中国政府は、これを分離主義、香港独立志向に結びつくものとして警戒している。この点で、香港映画人の代表として知られるチャウ・シンチー作品は「香港本土化意識」を離れた、として中国共産党に評価されているわけである。

　ジャッキー・チェンが製作・主演した中国・香港合作映画『ドラゴン・ブレイド』（二〇一五年）も中国大陸市場で七億人民元以上の興収をあげ、同じ中国共産党の機関紙で「我々はこんなふうに主旋律映画を撮ることも出来るのだ」（二〇一五年三月一六日）と話題になった。中国大陸で「主旋律映画」とは「国策を謳うプロパガンダ映画」を指す。『ドラゴン・ブレイド』が「主旋律映画」といわれるのは、これが時代劇の姿を借りて少数民族の分離独立問題に対応した国民統合プロパガンダの効果を持つと期待されるからだ。同作はローマ帝国のシルクロードへの侵略に対し西域の防衛隊が少数民族と一致協力して抵抗するストーリーで、ジャッキー扮する防衛隊長は少数民族間の争いを発見するや、すぐさま割って入って「戦いはやめろ！」と言う平和主義者。お得意のカンフー・アクションや笑いに加え、古代人の衣装に身を包んだ騎馬隊がぶつかり合う戦闘場面など実に壮大だ。

　かつて、こうした外敵を前に民族主義を鼓舞して団結を図る映画の場合、「敵＝他者」として設定されるのは、多くの場合日本兵であった。共産党ゲリラと中国の民衆が一致協力して日本を打ち負かしたという物語が、共産党が民族英雄として中国を統治する正当な根拠となったからだ。それが、この『ドラゴン・ブレイド』では、「他者」は西洋、ヨーロッパ文明の起源ともいえるローマ帝国である。しかも、そのローマ人の内部に悪玉（エイドリアン・ブロディ）と善玉（ジョン・キューザック）が設定されていて、ジャッキーは善玉と一致協力して、悪玉を駆逐する。この構図は、ちょうど中国が日本と国交回復（一九七二年）した後、日本人を軍国主義者と一般庶民に腑分けし、庶民は一部の軍国主義の被害者であったというロジックを「日中友好」の根拠にしたことを想起させる（国交正常化十周年記念日中合作映画『未完の対局』一九八二年、など）。

ジャッキー・チェンが劇中で「我々」の仲間として糾合する西域の諸民族が、様々な肌の色や衣装であることにも注目したい。中国内部は決して漢族だけではない、中国は多民族国家だ、ということが示されている。そこには、大国化した中国が目指すのは、「パクス・ロマーナ（ローマ帝国の平和）」に擬した「パクス・シニカ（中華帝国の平和）」だ、という自己イメージの創出も見え隠れする。

†香港映画『十年』

シンチーやジャッキーとは対照的に、中国大陸の市場をあきらめて表現の自由を選択する方向の代表といえるのが、五人の若手監督による香港映画『十年』（二〇一五年）である。中国共産党による汚職や言論弾圧が横行する十年後の香港を描いた五話オムニバスの近未来映画で、中国政府を香港の民主化を抑圧する「他者」として描いている。香港のアカデミー賞といわれる香港電影金像奨で最優秀作品賞を受賞したものの、中国大陸では「思想的に有害」と見なされて上映が禁止された。例年テレビ中継されてきた香港電影金像奨が二〇一六年に限って大陸での放送が中止されたのも同作の受賞が予想されたためといわれる。

『十年』「本地蛋」より（Photographed by Andy Wong, provided by Ten Years Studio Limited）

　利潤を求める娯楽商品であるはずの映画で、なぜあえて一三億人の大陸市場を失うような題材を選んだのか。監督たちが口にするのは「いま行動しなければ」という焦燥感だ。香港では共産党による愛国教育の押し付けや言論弾圧への反発で民主化を求める動きが強まっている。世界のメディアを騒がせた二〇一四年九月の「雨傘運動」を記憶している人も多いだろう。行政長官選挙に対する中国中央政府の介入に抗議し、真の普通選挙を求める人々が香港の中心道路を二か月以上にわたって占拠したもので、催涙ガスを雨傘で遮って抵抗したことから雨傘運動と呼ばれた。二〇一一年には中国中央政府が推進しようとした「愛国教育」カリキュラムが学生運動によって撤回される一幕もあった。

『十年』の各エピソードには、中国の政治家とギャングが手を組んで香港で事件を起こし治安法を通過させようとする第一話「浮瓜」（郭臻監督）、広東語しか話せないタクシー運転手が肩身の狭い思いをする第三話「方言」（欧文傑監督）、雨傘運動やチベット暴動を彷彿とさせる第四話「自焚者」（周冠威監督）など、ここ数年香港で懸念されている問題がよりエスカレートした形で描かれ、「予言の書」とも評されている。第五話「本地蛋」（伍嘉良監督）では紅衛兵と見まがう赤い襟のついた服を着た子供たちが登場し、本屋では『ドラえもん』までが言葉狩りの対象とされ、雑貨屋の店先で売っている鶏卵に付された「本地蛋（地元の鶏卵）」と書かれた名札が「問題あり」として取り締まられる。「本地」という言葉が先に挙げた「香港本土化意識」に抵触するという皮肉だ。

同作への中国中央政府からのバッシングが続く中で、香港の観客は数少ない『十年』上映館には連日押し掛けた。低予算で素人的な作りにもかかわらず、この映画が香港人の共感を得たのは、それが「本土＝香港」への愛着に根差しているからだろう。

†台湾市場と「本土」色

日本では、台湾を「中華人民共和国」の一部だと理解している人もいるようだ。だが、台湾は日本の敗戦によって植民地支配を脱した後、当時まだ「中華人民共和国」を建国していなかった共産党政権ではなく、国民党政権の「中華民国」に接収されたため、現在もその国号は「中華民国」のままである。その後、粘り強い社会運動の成果として、一九八〇―九〇年代に国民党の一党独裁体制から多党制の民主主義体制に移行し、現在は国のリーダー（総統）も直接選挙で選ばれている。二〇一四年三月には民意を無視して中国との「サービス貿易協定」を強行採決した政府に抗議し、学生や市民が立法院を占拠した。背景には、若者の失業や中小サービス業の倒産への不安と同時に、中国の経済的影響力の拡大が政治的にも台湾を呑み込むことにつながるのではという危機感があった。「ひまわり運動」として知られるこの市民的不服従は香港の「雨傘運動」にも影響を与えたといわれる。

台湾映画は侯孝賢《ホウ・シャオシエン》監督『悲情城市』（一九八九年）や楊徳昌《エドワード・ヤン》監督『クーリンチェ少年殺人事件』（一九九一年）などニューシネマが有名だが、その後の長期低迷を救ったのは魏《ウェイ・》徳聖《ダーション》監督の『海角七号　君想う、国境の南』（二〇〇八年）だ。同作は現代の台湾人男性と日本人女性の恋愛を、植民地期の日本人男性と台湾人女性の恋愛と重ね合わせるように描いたノスタルジックな映画で、「媚日的（日本に媚びている）」という批判もあった。だが、その大ヒットの要因は、同作が公開された二〇〇八年当時、直接選挙で選んだ陳水扁総統の汚職問題に愕然としていた人々に、『海角七号』が民主化の確かな成果として「異なる文化や言語をもつ多族群《エスニック・グループ》の、異なる歴史経験をもつ各世代が、互いの価値を尊重し平和に共存している台湾のイメージ」を提供し、「本土＝台湾」に対する自己肯定感を与えたことにあった。

日本では、『海角七号』のヒットを理由に、台湾は「親日的」だから日本植民地期を単純な暗黒期として描かないのだと理解する人もいるが、「抗日」武装蜂起を描いた同監督による『セデック・バレ』（二〇一一年）が「国民映画」と呼ばれ大ヒットしたことからも明白なように、台湾人は決して日本植民地期をバラ色の時代だと褒めそやしているわけではない。むしろ、日本植民地期も民主化運動の過程もひっくるめて、明暗入り混じった「本土＝台湾」の歴史として振り返ることで、新しい自己イメージを模索していると理解すべきだろう。

†地下映画世代の現在

中国大陸の「億元監督」はシンチーやジャッキーなど香港出身者だけではない。最初に「億元監督」となったのは張芸謀《チャン・イーモウ》だし、馮小剛《ファン・シャオカン》もまた硬軟取り混ぜた題材で次々にヒットを飛ばしている。だが、本講で最後に着目したいのは、一三億人市場が目の前にありながら、あえて主流の商業路線を行かない中国大陸の監督だ。

新中国で初めて検閲を通さない地下《アンダーグラウンド》映画を製作し始めたのは、青年期に天安門事件を経験した張元《チャン・ユアン》や王小帥《ワン・シャオシユワイ》など第六世代といわれる監督たちだった。改革開放による急速な経済成長のなかでの喪失感や孤独を描いた第六世代の映画は、海外でも高く評価され、現在では国内でも公開できるよう検閲を通して撮るようになった者も多い。それでも、あからさまな商業路線とは一線を画した題材や表現にこだわる監督が多く、ジャ・ジャンクー（賈樟柯）もそうした監督の一人である。初期の作品は地下で製作されたが、『世界』（二〇〇四年）、『長江哀歌』（二〇〇六年）などは検閲を通して中国大陸でも劇場公開された。だが、二〇一三年に完成しカンヌ国際映画祭脚本賞を受賞した『罪の手ざわり』は、二〇一六年現在中国大陸では公開されていない。詳細は不明だが、その理由はおそらく同作における以下のような赤裸々な現代中国描写にあると推測される。

『罪の手ざわり』は中国で実際に起きた四つの事件を基にした劇映画である。村の共同利益が実業家に独占され、繰り返される理不尽に猟銃を持ち出した山西省の男。妻と子には出稼ぎだと偽って金持ちから強盗を繰り返す重慶の男。金さえ払えばサービスするのが当たり前だと殴る客を刺してしまった湖北省の風俗サウナ受付係の女。勤務中に同僚を怪我させ、逃げ出した先のクラブで恋に落ちるが、出口なしの状況に飛び降り自殺した広東省の男。各エピソードの主人公に通底しているのは、市場経済化によって貧富の差が拡大し、人の命や尊厳までが金銭的にやり取り可能であるかのような社会に対する憤りである。外部から「他者」の来襲を待つまでもなく、「我々」の社会はその身の内にこそ「人間扱いされない」という意味での「他者(我々人間に含まれない者)」を生み出す矛盾を抱えている。映画が抉り出すのは、中国に限らない、資本主義世界に生きる全ての人が感じている闇だ。

地下映画からスタートし、二〇〇三年には婁燁《ロウ・イエ》らと共に電影局に映画活動の制限緩和を求める声明文を提出し、電影局とも話し合いの場を持ったジャ・ジャンクーであれば、検閲で禁止されるラインを見極める力があったはずだが、この映画にはあえてリスクをおかしてでも妥協せずに撮りたい、というある種の切迫感がある。また、婁燁はSNSを通じて検閲をめぐる電影局とのやり取りを公開し、最終的に双方が歩み寄る形で自作映画の公開にこぎつけた。国際的に著名となった第六世代の監督たちはあえて正面から検閲に挑むことで行為遂行的に「表現の自由」という問題を可視化しようと努力しているように見える。もちろん、現在も検閲を通さず、政治的社会的な題材を撮っている地下映画、独立《インディペンデント》映画の監督たちもいる。国外でも撮れる名声と力量を持ったジャ・ジャンクーや婁燁のような監督たちが、あえて中国大陸の内側にとどまって撮ることの意義は大きい。そこには、主旋律に回収されない、オルタナティブな旋律が力強く響いている。

†「中国」の多声性

二一世紀の今日、ハリウッド映画は中国の巨大な市場と資本によって直接間接の影響を受け、そこに描かれる中国イメージは大きく変化した。中国大陸の国内映画産業も急成長し、かつて東洋のハリウッドといわれた香港映画界も中国大陸との合作路線で生き残りを図っている。中国大陸の映画市場が歓迎するのは、大国化した中国にふさわしい「パクス・シニカ」の自己イメージだ。だが、中国世界は「主旋律」だけで構成されているのではない。香港、台湾など各地の映画の現状や、中国大陸の非商業的映画から見えてくるのは、実に多様な「本土（地元・本国）」と「自己／他者イメージ」が響きあう多声的《ポリフォニック》な現代「中国」である。

イメージは、私たちが相互の関係を捉えようとする時に、ある種の前提を提供する。日本では、中国といえば大国化する中国の脅威、「反日」デモで暴徒化する中国人というイメージが強い。ステレオタイプと言い換えても良い。そうしたステレオタイプの中国イメージは、私たちが中国との関係や中国の文化を考えようとするとき、なんでもかんでも大国の脅威や「反日」の方向に結びつけて考える傾向を強めてしまう。それは、別様にも考えられる世界を狭めてしまう。とても残念なことだ。

私たちがここで各地の映画を通して確認したのは、現代「中国」には「パクス・シニカ」に向かう眼差しのほかに、表現の自由を見つめる眼差しがあり、日本との過去を両面的に見つめる眼差しがあり、資本主義社会に生きる世界市民に共通の闇を見つめる眼差しがある、ということだ。そこには、ステレオタイプ化された中国イメージを打ち破るイメージを構成する契機がある。現代「中国」映画は、日本では焦点化されないもの、語られないものが何かを気づかせてくれる。

常識や思い込みから身を引き剝がして、「中国」という対象に向きあう切り口は映画だけに限らない。「中国」の何を問うか、どのように問うか、中国学の可能性は無限である。

◇ブックガイド

若桑みどり『イメージの歴史』(ちくま学芸文庫　二〇一二年)

中山大樹『現代中国独立電影』(講談社　二〇一三年)

劉文兵『中国抗日映画・ドラマの世界』(祥伝社新書　二〇一三年)

野嶋剛『認識・TAIWAN・電影　映画で知る台湾』(明石書店　二〇一五年)

倉田徹、張彧暋『香港——中国と向き合う自由都市』(岩波新書　二〇一五年)

第5講

越境する英語と英文学

マイルズ・チルトン
野呂有子訳

†越境する言葉

楽天、ブリヂストン、ファーストリテイリング、さらにホンダというように、社内で英語のみを使用する、あるいは、使用する予定の企業が増えつつある。また、企業内共通語を英語に切り替えてきたのは日本企業だけではない。幾つか例を挙げれば、中国の巨大コンピューター企業、レノボは何年も前に企業内言語を英語に切り替えたし、フィンランドのノキアや、ドイツのアウディ、フランスのエアバス、インドのアベンティス、そして韓国のサムスンも同様だ。

これらの企業は英語こそが世界言語であると認めている。英語は他のどの言語とも異なり、容易に越境する言葉なのである。今日、英語は世界中いたるところに存在し、あらゆる人びとが英語を使う、あるいは使いこなすために学んでいる。それは、本学英文学科の学生も同じである。二〇一六年にわが英文学科は創設九〇年を迎えた。英文学科が設立された一九二六年頃、日本ではすでに英語学習が現在とほぼ同様、重視され、広く普及していた。この九〇年間、英文学科は主たる三つの到達目標を掲げてきた。それは、学生の英語運用能力の発達を助けること、英文学という世界を積極的に体験すること、そして、英語の文法と語彙に関する専門的事項に触れさせることだ。第四の到達目標はもちろん、学生が文学と語学、そしてコミュニケーションという垣根を越境して、それ自体が越境する言葉である英語の学習成果を実社会で十分に活用できるよう援助することである。

ここでは、英語学習の助けを得て、学生がいかにして様々な境界を越えるのかを明らかにしたい。第一節「英語の世界的普及」では英語が地理的境界をどこまで越えたかを手短に概観する。第二節「日常会話の英文学」では、英文学研究がどのように越境して、日常英会話の言語研究になるのかを明らかにしたい。最終節では「なぜ英文学を学ぶのか?」を問う。その回答として、英文学研究のもたらす多くの利点を概説するが、その中には語学学習を促し、個人的・社会的成長をも促すという効果も含まれる。

†英語の世界的普及

英語は最も簡単な言語というわけでも最良の言語というわけでもない。言語としての英語にはこれといった特殊性があるわけではない。率直に言えば、英語が世界言語になったのは、植民地化政策という歴史的理由のためだった。その上、永遠に世界言語の立場を守るというわけでもないだろう。ラテン語やフランス語がそうだったように、広範に使用される言語を別の支配的言語が駆逐していくのは歴史の常だ。

とはいえ、わたしたちの時代に英語は世界中に普及し、ほとんどだれもが何らかの英語力を持っている。英語よりも中国語の母語話者数の方が多いが、中国人ビジネスマンがブラジル人ビジネスマンと協働する時はおそらく英語が使用されるだろう。また、英語よりもスペイン語の母語話者数の方が多いが、スペイン人の大学教授がロシア人の大学教授と会合する時は、おそらく英語で議事が進められるだろう。世界中から集まった科学者が中国やスペインで（あるいはどこであっても——日本であってさえも）会合する時、議論はほぼ間違いなく英語で行われるだろう。

「ウィキペディア」によれば、第一言語としての英語話者の人口は三億三千万人から三億六千万人くらいだ。しかし奇妙なようだが、英語話者の内、母語話者は少数派である。実際のところ、第二言語として英語を使用する人々がもっと多い。その数は世界中で四億七千万人から十億人くらいになる。言語学者のデイヴィッド・クリスタルが推定するところによると、非英語母語話者の数は、英語母語話者の数の三倍になる（"English-speaking world" の項）。

英語が使用される地域を見れば、これは納得がいく数字である。英語母語話者が多数派を占めるのは、アメリカ合衆国、英国、カナダ、オーストラリア、アイルランド、そしてニュージーランドのわずか六カ国に過ぎない。そして、これ以外の国々では、英語は使用言語の一つに過ぎない。南アフリカ、ナイジェリア、シンガポール、さらに多くの、より小さな島国や地域では、多数派が英語を使用する。英語は、はるかに多くの国々で公用語として使用されるが、その国々とは、フィジー、ガーナ、マレーシア、パキスタン、フィリピン、スリランカ、タンザニア、ウガンダ、そして、ジンバブエだ。インドもまたこのリストに加わる。そして、第二言語としての英語話者数は世界最大、つまり世界一となる。

英語は学科科目として最も多く教えられている外国語だ。中国やインドの大学における英語専攻の学生数は、伝統的な英語圏の国々における大学の国語専攻学生数よりも圧倒的に多い。さらに、英語が驚くべき勢いで普及した結果、英語の国際教育も同様に普及した。もちろん、学生は伝統的な英語圏の国々で英語学習することが可能だが、実質的には、学生が地球上のすべての国で英語の学習プログラムや授業を利用することもまた、一層容易になっている。

†日常会話の英文学

'To be or not to be.'

おそらく、これは英語で最も有名な詩行である。そしてある意味では、最も単純な詩行でもある。この詩句は、一五九九年から一六〇二年の間に英国の劇作家ウィリアム・シェイクスピアによって書かれた芝居『ハムレット』に出現する。『ハムレット』はシェイクスピアの芝居の中で最も良く知られ、上演され、愛されているものの一つだ。これほど注目される理由の一つに、右記の「生きるべきか死ぬべきか」という詩句のごとく、この芝居には生《せい》の複雑さに鋭く肉迫する洞察がある。事実、この詩句は「生きるべきか死ぬべきか」と翻訳されてきた。しかしながら、英語原文をさらに注意して見ると、‘to be or not to be’は単に生と死について語っているだけではないことが分かる。

‘to be’のbe動詞は英語ではきわめて使用頻度の高い動詞の一つであり、日常会話のほぼすべての文に出現する。‘I am writing this. You are reading this. It is a sunny day. It was rainy yesterday. It will be sunny tomorrow.’という具合だ。‘or’は最も一般的に使用される接続詞の一つだ。‘This or that. Ramen or soba. Happy or sad.’というように使用される。詩句の四番目の語‘not’はおそらく最も一般的に使用される否定辞だ。例えば、‘This, not that. Ramen, not soba. Happy, not sad.’という使い方になる。どの語も単純で、世界中の英語話者が毎日発話し、一般的に使用されているが、シェイクスピアの時代もまったく同様だった。しかし、たとえ単純で日常的な語であっても、シェイクスピアのような詩人の手にかかれば、多様で含蓄のある意味の深さによって、わたしたちの感情を喚起し、わたしたちは立ち止まらざるをえず、内省し、自身の世界をかえりみて、その中での自分の立場を再確認することになる。シェイクスピアのような詩人はわたしたちの心の扉を開き、わたしたちの単純な思い込みを裏返しにするという特質を持っている。

それでは、これらの単純な語の持つ裏返しの意味とは何だろう。わたしは先ほど、‘to be’は「生か死か」ということよりももっと多くについて語っていると述べた。英語で、人は‘is alive’する——‘to be’のbe動詞はこの世で、時の中で生きているという意味を持っている。しかし、悲しいことに、人はまた‘be dead’にもなりうる。つまり、人の死もまた、少なくとも文法的には、存在の一形態となる。だから、少なくとも英語においては存在の問題は、単に‘to be’によってのみ規定されるわけではない。

たしかに文法の問題がある。‘to be’のbe動詞は、英語で最も一般的に使用されるだろうが、それはまた最も不規則な動詞の一つでもある。他の動詞と共起する時は、連結動詞と見なされ、直接補語を取ることはない。時には連結というよりもむしろ、他の動詞の補助（‘is talking’というように）となるが、その場合、主動詞（‘talking’）は他動詞または自動詞として分類される。

さらに、シェイクスピアが『ハムレット』で行なったように、不定詞（‘to be’）として使用される場合もある。一層の混乱を招くことになるが、この場合、それは動詞ではなく、むしろ名詞、副詞、あるいは形容詞として機能する。

　不定詞形の形でも、語句の一部として（'I'm going to be late; I would love to be in England in the springtime' というように）極めて一般的に使用される。そこで、ハムレットが 'To be or not to be' と言う時、言い回しによって示される可能性のある、'to' に続く語句を確定しようとして、わたしたちの精神は働き出す。'to be... where, to be... when, to be... what?' というように。だが、存在するのは 'to be' か 'not to be' だけだ。補語、場所、時間あるいは何であれ、その欠如のために思考は中断され、注意が奪われ、われわれは欠如しているのは何かと熟慮せざるをえなくなる——存在あるいは不在の場所、時間、そして理由を求めつつ。

　ゆえに、シェイクスピアは、'to be' のbe動詞をめぐる、文法的・意味論的な可能性を縦横無尽に、詩的に利用したのだ。'To be or not to be' という問題に対して明確にbe動詞の補語が述べられていないため、困ったことに、わたしたちはシェイクスピアが実際に何を念頭においていたのか推測しなければならない。それにシェイクスピアが本当に、ハムレットを生き続けるか、それとも、死ぬか、悩ませようと意図していたなら、ただ 'To live or to die, that is the question' と言わせたはずではないか、という事をも直視しよう。いまや、わたしたちに明らかなのは、シェイクスピアが何か他のこと、もしくは何かもっと多くのことを念頭においていたということだ。それが何だったのか、そう、それこそが問題だ。

文学と言語（ことば）の関係についてもう少し説明しよう。わたしはこれまで'To be or not to be'という詩句に着目して分析してきたが、それは、いかにして文学が日常の語を使用して、我を忘れさせ、揺り動かし、思考させるかを明らかにするためだった。では次の問いを立ててみよう。日常会話の中に「文学的な」ものはあるだろうかと。「ある」と多くの人々が考えている。わたしたちが意識する以上に、日常会話の言語（ことば）と文学の言語（ことば）は類似しているのだ。

たとえば、わたしが'I'm very hungry.'、あるいは'I'm as hungry as a wolf.'と言ったとしよう。二つの文の意味は同じだ。とはいえ、第二の文で比喩表現を用いて、わたしは自分の空腹感を想像上の狼の空腹感と比較している。なぜ、もっと直截な表現よりも比喩表現を選ぼうとするのか。結局のところ、直截な'I'm very hungry'という表現は、わたしの意図を直接、明確に伝えており、わたしがどう感じているか疑問の余地はない。それで十分ではないか。確かにそうだという場合もある。直截で、明確で、曖昧さのない意味の表出は完全に許容されえるし、その方が好ましい時もある。その一方で、わたしが空腹の度合いを強調したければ、実のところ、'very'では弱いように思われる。'very'はそう、まさしく「とても」を意味する。しかし、'very'では人を揺り動かすことはできない。「詩学性＝文学性」が不足しているからだ。

狼がいつも空腹であるか否かは不明だが、何世紀にもわたって伝承、伝説、決まり文句、そして世論が定着させてきたのは、狼が何でも貪《むさぼ》り食らう貪欲な獣だという考え方である。もちろん、これは狼にとっては、はなはだ迷惑な話だ。狼は他の肉食動物と同様、本能が食べよと命じる時に食べる。狼の捕食性が意味するのは、狼が食料確保のために狩りをするということであり、その群居本能は群れで狩りをするよう命じるが、それは生存と――獲物にとっては気の毒なことだが――死をもたらす。だが狼は他の肉食動物と何ら違いはない。それではなぜ、この比喩は余韻を響かせ、詩的衝撃を保持するのか。それは、群れで狩りをする狼のイメージによって喚起される感情は――不正確ではあっても――人間が心の中に宿す恐怖と結びつくからだ。イメージはわたしたちに親近性〔心理学用語で、体験した出来事を以前に体験したものであると感じる想起過程〕のショックをもたらすが、恐怖の親近性は最大のショックの一つだ。そこで、"I'm as hungry as a wolf" と言う時、聞き手はわたしの胃袋がどれほど空っぽで、わたしがどれほど必死に食べ物を求めているかについて、はるかに強烈な概念を抱くわけだ。

このように、文学は日常語を再定義し、雰囲気を創り出し、感情と思考を刺激する語を用いることによって、言語学習を強化する。とはいえ、さらに以下に述べるような多くの理由がある、それは読者に関わる問題だ。読書する人たち、つまりあなた方は何者なのか、将来何になりたいのか、他者とどのように関わるのかということだ。

†なぜ英文学を勉強するのか？

日本における英語および英文学の受容史全体を俯瞰《ふかん》すると、連綿と続く一本の道筋が見えてくる。それが指し示すのは、英文学の読者の役に立つということである。なぜなら基本的に、読書は優れた人間形成を可能にする。近年、この説に反対する人々も多い。しかし、その一方で、文学教育は「共感する力」を深めるという主張もある。

文学を基盤とする教育が「美的想像力」を強化すると信じる人々もいる。「美的想像力」は、芸術作品の制作と鑑賞において想像力がどのような役割を担うかに関わっている。科学的想像力が現実の制約を受け、事物の性質に関する理論の理解に用いられる一方で、美的想像力は自由で、わたしたちが美的感情を経験する時に用いられる。ドイツの哲学者イマヌエル・カントは、美的感情は芸術作品により引き出されると信じた。カントの定義によれば、恐れ、驚き、喜び、そして悲しみ等、わたしたちが読書によって経験する感情は、読者に等しく公平無私であり、現実的目的を持たない。読書中に経験する悲しみが続くのは読書するあいだだけである。わたしたちが読書を止めると感情も消失する。にもかかわらず美的感情は他者や世界についてのわたしたちの理解の幅を広げる。それは実生活で経験する以上に、広範にわたる様々な感情を経験することを可能にするからだ。

しかしながら、今日では多くの人々が、人文科学（文学、歴史、哲学、美術史、そして音楽を含む学問領域）よりもむしろ、STEM科目――つまり、科学（science）、テクノロジー、エンジニアリング、そして数学（math.）――の方を好ましく思っている。STEM科目は、それらが本来どういう学問かは別にして、世界市場で販売可能な製品を作成する、最高の手段を提供すると見なされている。そのため政府と資金提供機関はこれらの学問への援助に積極的である。人文科学は販売可能な製品を何も提供しないと見なされ、時間と労力の浪費と誤解されている。

こうした考えに批判的な人々は、財政的利益を増やすことばかりに関心を向けるのは狭量だと主張する。STEM科目は確かに価値があり、必要なものだ。しかし、それと同時にわたしたちに必要なのは、人文科学を通じて最もよく獲得しうる、物事を理解し、評価する能力である。それは何か。以下に最も重要なものの幾つかを挙げる。

・批判的かつ創造的に思考する能力。
・情報を理解し、まとめる能力。
・情報の価値を検討し、評価する能力。
・情報に応じて思考と感情を表現する能力。

・情報の質を判断し、それを単なる知識とは区別する能力。
・知的な創造がもつモラルと倫理について判断する能力。
・他者の思考と感情を理解し、その行為・行動の理由を理解する能力。
・他者、他の人々、他国民、他集団、そして他の（人間以外の）種と共感する能力。
・感情や感情的な反応・応答、表現を理解する能力。
・感情やアイデアをめぐる創造的な表現や表出を評価し、称賛する能力。
・矛盾、反対、対立、論争、そして議論について評価する能力。
・冷静に議論の場で持論を展開し、それを単なる意見とは区別する能力。
・驚き、疑問に思う能力の育成。
・知恵の育成。

リストはまだまだ続くだろう。お気づきのように、このリストは難易度の低いものから高いものへ、表層から深層へと進む。これは人文科学における教育の過程を映し出す。つまり、学習者は何かを見て、読み、あるいは聞いて、まず表面にあるものを確定することで、それが何なのか理解しようとする。次にそれについて考察し、熟考し、その特性と価値を評価し理解しようとする。そして、より広くて深い文脈で再度、見て、読み、あるいは聞こうとする。これらの能力を育成する際にSTEM科目も、技術的知識とともに、不可欠な役割を果たすことを強調しておこう。だが、これらの能力育成に特に主眼を置くのが人文科学なのだ。ガヤトリ・スピヴァクは述べている、「わたしたち人文科学の教師は精神というジムのヘルスケア・トレーナーだ」(『ロサンジェルス・ブックレヴュー』二〇一六年七月)と。

控えめに述べても、この種の教育に最高の方法論を提供するのが文学である。加えて、英文学を勉強することは以下の三つの特別な効果をもたらす。

1 英語学習を加速させ、強化する。

2 多言語による解釈によって美的想像力を拡大し、深める。

3 曖昧さを理解・評価する力を増幅する。

すでに述べたように、文学は言語からなるがゆえに、文学作品を通してより深くその言語を学ぶことになる。そして美的想像力は多言語性と深く関連することを強調しておきたい。複数の言語で想像することができれば、人生ははるかに豊かになる。第三に、いくら強調しても、したりないことだが、この世界では白か黒かはっきりと割り切れるものなど存在しない。何であれ——ほぼあらゆるものが——複雑で灰色の翳《かげ》りを帯びている。そして、学生が日本文学と英文学を比較する時――単に言語に関してだけでなく、文学テクストがどのように文化、宗教、哲学、歴史、心理などを描き出すのかに関しても――、曖昧さは、複雑に、また興味深い方法で増していくことになるだろう。

しかしまた、英語のグローバルな拡大によって起きている論点を強調しておかねばならない。英文学は世界で唯一の文学ではない。しかし、シンガポールの詩人・英文学者エドウィン・タンブー（Edwin Thumboo 一九三三～）は指摘している、「それは注目すべき多様性と深さ、そして広がりをもつ偉大な文学なのだ」と。そしてグローバルな言語となったために「人間の経験の無限大のつらなりを伝え、その意味を解き明かしてくれる」。さらに言う、「それは最も現代的な文学である。二〇世紀の経験の、かくも広範で多様な総体を記述するものは他にはない」（『世界の英語』ケンブリッジ大学出版局 一九八五年）。

こうした主張には確かに論争の余地がある。だが、英語の普及した範囲と、作家および英語による物語の膨大な数を見れば、ここに、幾ばくかの真実が込められていることも確かである。英文学を読むことで、読者は世界に向けて開け放たれた広い窓を獲得する。学期ごとに、異なる時代と場所で起こった物語を読了するという想像の旅がつづく。そこから帰還した一人の学生が言うように、それによって「自分の世界は大きく広がった」のである。

第6講

異文化に向きあう――現代ドイツの政治文化

初見 基

†異文化への関心

明治期以降の日本の、とくに知識人のあいだで、ヨーロッパ文化は憧れの対象だった。ただそこには往々にして、萩原朔太郎が《ふらんすへ行きたしと思へども／ふらんすはあまりに遠し》(「旅上」)と歌ったように、近づきがたいからこそ惹かれるという面があっただろう。ともあれ、主として書物の翻訳を介してヨーロッパ文化は「異文化」であると同時に日本文化の一部にもなった。

第二次世界大戦後、その位置は、乗用車や電化製品、消費生活、ロック音楽などに象徴されるアメリカ文化に移る。

その際にヨーロッパであれアメリカであれ、それを見つめるまなざしには、異国情緒にとどまらない、いつか追いつくべき「高み」が映っていた。否定面も含む実像を直視していたというより、「舶来」文化の「上澄み」から願望像がつくられていたのだ。

近年では世界の文化への相対視が進み、たとえば二〇〇〇年代初頭の韓流ドラマやK-POPの流行に見られるように、これまで注目されていなかった地域へと関心は拡がった。そのこと自体は欧米中心主義の偏りを是正する至当な方向である。ただ、飽きればすぐ別なものを見つけるという、文化の「上澄み」を消費している点では同様だ。

そしてその反面で、一九八〇年代「バブル経済」期の頃より、金で何でも買えるという全能感も手伝ってか、外国文化を採り入れようという熱意が一般に薄まってゆく。また今日では逆に、経済の停滞に伴った妙な自信喪失への穴埋めをすべく、「日本はスゴイ」といった夜郎自大な書籍やテレビ番組が目立つ。いずれにせよ、「内向き」傾向は確実に強まった。

しかし交通も情報も以前と比べものにならない発展を遂げた現在、たとえ積極的に異文化と向き合おうとしなくとも、それと直面する機会は否応なしに増えている。インターネットで世界各地の情報が瞬時にして入ってくるという、「ヴァーチャル」な領域だけではない。観光地やデパート、主要ターミナル駅では日本語と並び観光客の種々の異国語が飛び交い、労働現場でも外国人の就労が増え、それらはいまや経済・産業構造内で無視しえない比重を占めている。

こうして言語、生活慣習の異なる人びととじかに接する機会が頻繁になると、もはや「上澄み」の享受だけではすまず摩擦も生ずる。なんとはなしの違和感が抱かれもすれば、仕事を奪われるのではといった漠たる不安、あげくには外国人と犯罪を直結させた、外国人を閉め出せといった暴論すら支持を得やすい地盤ができる。

これらの多くは、現実の客観的分析や論理的思考を欠いた根拠薄弱で感情的な反応であるのだが、非合理な情念ほど克服するのは難しいものだ。そして多数派が自らの価値観を譲らず「違い」を認めないとき、「差別」や「排外主義」、最近では「レイシズム」と呼ばれる事態が起こる。これは残念ながら、時代も地域も超えて広範に見られる現象だ。

無関心や敵視よりははるかにましだったとはいえかつての手放しの欧米文化崇拝も、昨今の排外主義も、概して対象への半可通に甘んじている点では通底している。

†文化と野蛮

一八六一年に江戸幕府とプロイセン王国とのあいだで修好通商条約が締結されて以降、法体系をはじめとしてドイツ語圏の文物もまた、近代日本にとってひとつの範だった。それは医学や音楽、哲学や山岳などの語彙にいまでもうかがえる。森林太郎（鷗外）や北里柴三郎、山田耕筰《こうさく》や東山魁夷《かいい》を筆頭に、人文・社会・自然科学、芸術諸分野でドイツ留学経験者の活躍もあった。

ゲーテ、リルケ、ヘッセにトーマス・マンと数多くの文学作品はつとに邦訳され、カント、ヘーゲル、ニーチェらの名は、いかなる理解かはいざ知らず学生の青臭い議論で口にのぼせられた。またバッハからブラームスまで連なる「ドイツ音楽」作品はいまでも演奏会の定番だ。

このようななかから生じた、詩人と哲学者の国、深い森と中世の城といった、一般に流布している「ロマンチック」なドイツ像がしかし、実像とかけ離れているのは断るまでもない。それにもまして現在の人文科学分野にあっては、文化現象の考察にあたり、「文化の裏面は野蛮である」という認識が欠かせない。

ナチの手を逃れる途上で自ら命を絶った批評家ヴァルター・ベンヤミン（一八九二―一九四〇）は遺稿「歴史の概念について」のなかでこう述べている。《文化財を見渡すならそれらはことごとく、恐怖をおぼえずには考量できない由来をもっている。それがいまあるのは、これを創り出した大天才の労にばかりではなく、彼らの同時代人による無名の苦行にもよっている。文化の記録にして同時に野蛮の記録でないわけがない。》くだいて言えば、神殿や城、教会など古代以来の「記念碑」的建造物は奴隷労働やそれに近い徴発によって築かれているだろうし、家族や友人の多大な犠牲のうえで成立する芸術作品はいまでも珍しくない。さらに、「美」の判断基準も時代状況のなかで変化をこうむり、民族、言語、社会階層、性別などで支配権を握る側によって発言権の弱い側の価値観は押しのけられる。

こうした「権力」構造への感受性を欠いた人文科学は二〇世紀までならともあれ、いまではまず成り立たない。もはや「上澄み」だけでの文化研究はかなわないのだ。

ただドイツ文化を対象としたとき、それに絡む厄介な要因がもうひとつある。二〇世紀半ば、ナチ・ドイツ時代の歴史を視野からはずしての人文科学研究など欺瞞《ぎまん》であるという了解だ。亡命先のアメリカ合州国からドイツに帰還した哲学者テーオドア・W・アドルノ(一九〇三―一九六九)が一九五一年に発表した文章のなか、《アウシュヴィッツの後に詩を書くのは野蛮である》(「文化批判と社会」)との言は、文学、芸術そのものの否定ではなく、アウシュヴィッツ強制収容所に象徴される事柄を省察しないまま自らに心地よい文化ばかりを愛でること一般への批判であると、いまでは広く理解されている。

犠牲者数六〇〇万人といわれるユダヤ人虐殺をはじめとするナチ・ドイツの犯罪が衝撃的であるのは、殺戮《さつりく》規模の膨大さだけではない。それは偶発的な狼藉ではなく、有能な官僚機構の管轄下、整然とした計画に則り精密なダイアグラムが組まれ全ヨーロッパ規模でユダヤ人が貨物列車により移送され、そして工場生産のごとくに殺戮が遂行された、とはつまり、近代文明の最先端で「理性的」に起こされた、この点こそが戦慄するべき事態だった。

「未開」ゆえの野蛮だったならば、啓発・教育を通して相手の「理性」を目覚めさせるという希望をまだ抱きうる。しかし、文明が高度に発展した末に、それにもとづいて為された蛮行をいかに捉え処したら良いのか。強制収容所看守が職務の後に宿舎に帰ればモーツァルトのレコードをかけて涙する、こうした人間のあり方を問わぬまま、ドイツ文化、いや、文化一般と向き合うわけにはゆかないのだ。

†日本とドイツの戦後

日本とドイツ——東西分断期についてここでは旧西ドイツを対象とする——はともに、同盟国同士として第二次世界大戦に敗れながら、その後、経済復興に成功した国として、「戦後」がしばしば対比される。そうした際には、ドイツはナチ時代を深く反省しているのに比べ、日本はそれをなしえていない、との指摘がまま伴う。この把握は事柄の一面として誤りでないもののの、やはり単純化のきらいはある。

両国では一九四五年の敗戦後、それぞれ通称「ニュルンベルク裁判」「東京裁判」によって、侵略戦争の責任者らが国際法廷で裁かれた。しかし世界の冷戦構造のただなかにあって、西ドイツ、日本とも戦争犯罪人の多くは早々と恩赦によってとりたての抵抗もなく社会復帰する。それ以前に、体制を支えた政官財、法曹、医療、学問・教育、宗教などの多くの指導的人物が処罰を免れ、元の職を取り戻した。表向きでは「一九四五年」はそれまでの価値観いっさいが灰燼《かいじん》に帰す「ゼロ時点」と捉えられるものの、裏では旧体制と戦後は切断なく連続している、この二面性は見逃せない。

それはともかく、両国はアメリカ合州国を盟主とした「西側」体制に組み込まれ、外政・内政ともに「東側」との対決姿勢を強めた。西ドイツでは一九五五年に再軍備、翌五六年には徴兵制が敷かれ、武力放棄を謳った憲法をもつ日本でも五四年に自衛隊が設立された。五〇年代末の西ドイツでは核武装すら検討されていたほどに、その政治はきわめて保守的ないし復古的なものだった。また両国とも生活・経済の建て直しが優先課題であり、国民感情からすれば愉快ならざるつい最近の過去など忘れるにしくはなかった。

しかしそうしたなかにあっても、過去の忘却のうえで成り立つ現実政治の欺瞞を衝く者たちは少数ながら存した。一九四七年に始動した文学者たちの集まり「四七年グループ」の詩人・作家・批評家たちは戦中の体験を作品化するにとどまらず、ナチ犯罪に甘い戦後社会への批判的な発言もたびたび行った。アドルノら「フランクフルト学派」と呼ばれる社会哲学者たちもまた、五〇・六〇年代の保守的な政治文化に挑んだ。日本の戦後文学・思想でも類似のことは指摘でき、実はこの点においてもドイツと日本とのあいだでおおきな隔たりはない。

†「記念碑」の変容

ヨーロッパの都市を歩くとしばしば「記念碑」に出くわす。観光の名所となっている凱旋門や「偉人」を讃える立像、戦没者を悼む碑など、形状は様々だ。

多くは一九世紀から二〇世紀初頭に建立されている。近代国家形成に向けて、「国家」を国境で囲まれた領域（空間）としてだけではなく、歴史（時間）をも共有する共同体として思い描くため、「国家の麗しい歴史」をことさらに強調してみせる「文化財」だった。

ただドイツの都市では一九八〇年代半ば以降、とりわけ二〇〇〇年代に入ってからは、一見それとは逆を指向する「記念碑」――これには「警告碑」という比較的新しい語が用いられる――が目立つようになる。代表的な例は、ベルリンの官庁街の間近、ブランデンブルク門のすぐ南に、サッカー場二面ほどの敷地につくられた「虐殺されたヨーロッパ・ユダヤ人のための記念碑」、通称「ホロコースト警告碑」だ。市民運動のなかから一九八八年に発案され、長く激しい議論を伴いつつ連邦議会で決定、国家予算が充てられ二〇〇五年に落成した。

公募で選ばれた建築家ピーター・アイゼンマン（一九三二―）の設計により、縦が約二・四メートル、横は一メートル弱、〇メートルから四・七メートルにおよぶ異なる高さの二七一一を数える灰色のコンクリート製直方体が整然と並ぶ。石と石のあいだを格子状に走る、すれ違うのがやっとという幅の通路を人びとは歩きめぐる。不思議なことに、文字による説明はいっさいない。訪れた人びとはただ黙って石の狭間を行き交い、それぞれが何ごとかに想いを馳せる。そして疲れれば石のうえに腰を掛けたり寝そべったりもする。

地下に設けられた展示場は一転して情報に満ちている。そこでは、「ホロコースト」といった大括りの言い回しからはこぼれ落ちてしまいかねない、無名の市民たちの個別の生の痕跡が、書簡や写真、音声などによって紹介されている。もちろん展示できるのは全体のうちのごくわずかにすぎない。それどころか何も遺さず消された犠牲者は数知れない。しかしそうした歴史の闇にまで想像力を及ばせることこそが、地上の碑と地下の展示の主眼であるだろう。

さらにまた、悼まれるべき対象がユダヤ人犠牲者に限定されたこの警告碑の近辺には、その後「国民社会主義において迫害された同性愛者のための記念碑」(二〇〇八年)、「国民社会主義において虐殺されたシンティ・ロマのための記念碑」(二〇一二年)などが、同様に国家事業として建てられている。

ホロコースト警告碑

これらの「警告碑」によって想起を促されるのは、国家にとって誇らしい過去ではない。ナチ・ドイツによる未曾有の大量虐殺という、できれば忘れてしまいたいおぞましい歴史だ。そのかぎりで警告碑は伝統的な記念碑の対極をなす。とはいうものの、その規模と、求心的に人の注目を集めるというあり方からすれば、両者は同型だ。後者が積極的なかたちで「国民」意識を喚起するとすれば、前者は否定的・陰画的にそれをなす。「日本はスゴイ」といった虚勢が傲岸で幼稚なナショナリズムであるとすると、近年のドイツにあっては、過去の国家犯罪を想起することで生ずる「より良き未来」に向けられた紐帯意識が、「陰画的ナショナリズム」として説明されてもいる。

†「警告碑」さまざま

麗々しい「記念碑」の類はおそらく大方の国で観察できるだろう。それに対して近年ドイツで注目に値するのは、決して大々的ではない、街なかでともすれば見逃しかねない、多くは現代芸術家の手による「警告碑」だ。あまたあるなか、首都ベルリンの例を挙げてみよう。

古くからの中心通りウンター・デン・リンデン沿い、州立オペラ劇場脇の広場の石畳のなかほどにガラス板が埋め込まれている。そこから下を覗きこむと地下に一辺五メートルほどの空間がある。目をこらすと空の書棚が四面の壁に設置されている。他にはなにもない。イスラエルの芸術家ミヒャ・ウルマン（一九三九—）作成の「図書館」（一九九五年落成）だ。

ガラス板そばの石畳上の金属プレートには次のような文言が読める。《この広場の中央で一九三三年五月一〇日国民社会主義の学生たちが、多数の著述家、ジャーナリスト、哲学者、学者の著作を燃やした》。広場に面したベルリン大学図書館からナチによって《非ドイツ的精神》と断じられた書籍二万冊が持ち出され焚書に処された歴史を指す。そのプレート横には次の言葉が刻まれている。《それは序曲に過ぎなかった。／書物の燃やされるところ、ついには人間もが燃やされる。》ハインリヒ・ハイネの戯曲「アルマンゾル」のなかの科白だ。

別な例を挙げよう。旧市街のちいさな公園の片隅にテーブル一台と椅子が二脚ある。一脚は倒れているので起こそうと近寄ってみる。するとそれはブロンズ製のインスタレーションであると判る。倒れたままの椅子は妙に居心地悪い。「人の去った部屋」(カール・ビーダーマン/エーファ・ブッツマン作、一九九六年落成)と名づけられたこのインスタレーションに説明書きはないが、ブロンズの床の四辺に詩句が読める。《おお　死神の住処、/〔中略〕/おお　おまえたち煙突、/おお　おまえたち指、/そして煙となって空をゆくイスラエルのからだ!》(綱島寿秀訳『ネリー・ザックス詩集』未知谷　二〇〇八年)ベルリンで生まれ育った詩人ネリー・ザックス(一八九一―一九七〇)の詩の一部だ。

ユダヤ系のため一九四〇年に命からがらスウェーデンに亡命した詩人は、戦後もその地にとどまり、一九六六年のノーベル文学賞もスウェーデン人として受賞している。《死神の住処》《煙突》《煙》といった語からは、強制収容所とそこで灰にされ天空にのぼっていったユダヤ人たちを思い浮かべないわけにはゆかない。この詩句に関連させるなら倒された椅子は、あわてて飛び出したか急襲されたか、ただならぬ情景を想像させる。

もう一例。街歩きのとき舗道上に気をつけていると、敷石のあいまに真鍮製で一辺一〇センチメートルほどの正方形が埋め込まれている。ときにはそれが三つ、四つかたまってもいる。

その表面には《ここに誰某が住んでいた》との氏名表記とともに、生誕の年月日と場所、そして推定の例も多いが、死没の年月日と場所が刻まれている。一九四七年生まれの芸術家ギュンター・デムニヒが一九九二年に開始した、「躓きの石」というプロジェクトだ。ナチの犠牲者たちがかつて住んでいた住居前の道ばたにこれは設えられている。いまやヨーロッパ二〇カ国、千を超える市町の五万ヵ所以上に埋められているという（二〇一六年八月現在）。誰でもひとつ一二〇ユーロの喜捨でスポンサーとなれる。

気づかなければ踏みつけてゆきもする。だが目をこらせば、会ったことがないどころか存在すら知らなかった者の影が、その空間のなかに固有の名前をもって現れる。

†ドイツ文化の現在

過去がなければ現在もありえない。現在を生きるうえで歴史の検証はいつでも必要だ。だが特定の、それも自らの国の負の過去へのここまでの執着とは、見方によっては異様に映るかもしれない。むろんドイツでも、自国の汚辱についてばかり語るのはもういいかげんやめにしよう、という声はある。とはいうものの、「負の過去と向き合う」姿勢は公論において、保守政治家をも含めいまや揺るぎなく定着している。

先述のように、一九六〇年代初頭までの西ドイツではナチ時代からの連続性が色濃く、それを批判的に対象化する作業は一般に受け容れられなかった。これが現在の状況に移るにあたっては政治・経済・社会の多くの条件が絡み合っているが、司法や教育の改革と並び「文化」領域の功績も甚大だった。

実証的歴史研究は事実の確定を目指し、厳密かつ執拗に「何が起きたのか」を調べあげた。ただそれだけではなかった。思想家やジャーナリスト、文学者すら、過去の忘却へと誘う微温な日常をかき乱す社会的発言を粘り強くくり返し、獅子身中の虫、「異物」であることを引き受けた。こうして激しい論争を幾多も経て、公論のなかで「政治意識」は覚醒され、開かれたかたちで意見を闘わせる「議論文化」が醸成される。

さらに詩人・作家は自らの体験を踏まえ過去と対峙した。メッセージが明快でわかりやすい作品も含まれはするが、多くは難渋な思考と表現を採らざるをえない。ギュンター・グラス（一九二七―二〇一五）の『ブリキの太鼓』（一九五九年）などの小説にしてもパウル・ツェラン（一九二〇―七〇）やネリー・ザックスの詩にしても、直接経験の「傷」や「悲しみ」「怒り」は文学的言語へと昇華されている。読者は核心に近づきがたいにもかかわらず強く重たい衝撃を受けるだろう。これらの文学作品は、政治的な影響力を直接行使する性格ではない。むしろ芸術作品でこそなしうる、いまいる日常で目に入らない「異なる」次元を切り拓くことで、人に立ち止まり考えるよう促すものであり、戦後の言語空間を確実に豊かなものにした。

ナチは「異なる」ものを排除し画一化を進め、あの災厄を呼んだ。これを戒めとした、歴史と反省的に渉りあい、批判的に思考し他者への想像力を駆使する、そして他人と「異なる」ことを厭わない、こうした姿勢を彼らは求めた。その志操は徐々にではあるが広く浸透し、六〇年代半ば以降若い世代に積極的に引き継がれる。こうして現在の「政治文化」が形成された。「警告碑」の増殖もそのひとつの現れだった。

さらにこの要求は過去を対象とするだけではない。そこで培われた感受性は、広い意味での「異文化」、とりわけ諸領域で権限の制約された少数派のあり方へも向けられる。他者との「違い」を見定めたうえで認め合う姿勢、それが「多文化」社会の礎なのだから。

六〇年代以来の「外国人労働者」に加え、近年の「不法」移民や難民の増加に伴う政治・社会問題は、他の欧米諸国と同様、ドイツでもいま、焦眉の課題となっている。移民・難民排斥や反イスラームの主張が一定の支持を得ているのは事実だ。しかし偶然の所産にすぎない氏素性や国境線、既存の価値観は不変ではない、むしろそれを開こうとするところからより豊かな未来が生まれる、との合意は、簡単に切り崩せないだろう。

未知の対象をよりよく知ろうと努め、考え、想像することを怠らず、慣れ親しんだものを疑い自身をも批判的な視線で対象化する、これが現在ありうる「異文化」との係わり方であり、ひいては「国際化」社会を生きる作法なのだ。

Ⅱ 交差と共有

——社会科学の思考

プロローグ

人間とは何か、社会とは何か、人間はこの社会のなかでどのように他の人間とかかわって生きているのか、社会はどのような構造を持っており、どのような仕組みで動いているのか。人間と社会の在り方はこれまでどのように変わってきたのか、これからどのように変わっていくのか、いくべきなのか。こういった疑問に答えるために、明晰な思索を巡らし、人類の歴史を紐解き、文学が描き出す人間の真実に感動することもできるだろう。あるいは、人間や社会をもそのなかに包摂する自然そのものの成り立ちと動きを究明し、自然と人間とのかかわりの在り方を追究することもできるだろう。

もうひとつの方法は、いまここに在る人間、そしてその人間が時間と空間を共有しお互いに交差しあいながら紡ぎ出している社会に目を向け、その現実をつぶさに観察し、そこに伏在する問題や困難を炙《あぶ》り出し、その解決を目指すことである。社会科学の諸学問は、人文学、理学や自然科学の諸学問と同じように、その成り立ちからして哲学から派生し分化してきたものであり、根本的な問題意識を潜在的に共有しながら、しかし、顕在的には、いまここに生きている人間と社会の現実に焦点を当て、そこから浮き出てくる問題の共有と解決を図りながら、人間の福祉と利益を実現することを志向している。

人間と社会の現実は、無数の要因が交差しあい絡まりあう複雑きわまりないものであり、単に目を見開いていても何も見えてこない。目に入るのは混沌である。何をどう見てよいか分からない。社会科学のそれぞれの学問は、それぞれが独自の視点を持ち、この複雑な現実にどこからどのように斬り込み、何をどう見ればよいかの糸口を与えてくれる。自分自身の興味関心に基づいて、また、その時代その場所その社会の必要や要請に応えながら、ひとりの人間としての限られた時間のなかで、ひとつの学問を見定め、その視座を修め、そこから見えてくる、いや、そこからしか見えてこない独特の新しい現実の姿に感銘し、そこから立ち現れてくる問題や困難に当面することは、静かな知的な興奮だけでなく、熱い挑戦的な興奮をもたらす経験となるだろう。しかし、その興奮は、複雑きわまりない人間と社会の現実に真摯に向きあうための最初の糸口であり、最初のほんの小さな動機となるに過ぎない。

理論と実践、基礎と応用、これらは車の両輪に喩えられることも多く、しばしば対にされるが、理論や基礎に裏打ちされていない実践や応用は混沌を生むだけであり、実践や応用を伴わない理論や基礎は、空論、妄想であり、宝の持ち腐れ、無用の長物である。学問という行為が社会的契約という大きな文脈のなかで可能になっていることを斟酌《しんしゃく》するまでもなく、多くの学問は、あるいは総体としての学問は、これらの両輪をうまく協応させながら前進することが求められている。社会科学の諸学問は、その時代その場所その社会の必要や要請に応えて分化し発展してきた経緯があり、応用科学、臨床科学、実践科学として色彩を濃くしている。

友人、家族、学校、地域、国家、民族、様々な社会がそこにはあり、それらが重層的に交差しあうなかで、様々な思いや利害や問題を抱えた人間がお互いに交差しあう臨床・実践の現場は、そもそもが混沌としたものである。ひとつの学問の基礎をしっかり押さえて、その理論をきちっと当てはめれば、その混沌とした現場が一瞬のうちに秩序立った姿で眼前に顕れ、その現場の問題はその秩序を乱している部位として明瞭に把握され、その部位を取り除けばすべて解決する、というわけにはいかない。複雑きわまりない人間や社会を相手にするときには、レントゲンを撮って腫瘍が見つかれば切除すればよい、というわけにはいかないのである。

発見や解決のための決まりきった分かりやすい理論や基礎などの規範となるものがないからといって、現実に存在し解決を必要としている問題を目の前にして手を拱《こまぬ》いているわけにはいかない。混沌とした現場の外にあって客観的にでも、あるいは、その混沌のただなかに身を置いて間主観的にでも、その現場の内外《うちそと》からその現場にかかわるすべての人間が、その現場を観察し体験し、そこに在る問題の実態や実情を言葉や数字で記述し共有していくことを積み重ねるなかで、徐々にその問題の本質が整理され了解されていくことがあるだろう。その理解のなかに、その問題の記述や共有と並行して行われてきた、その問題の解決のための様々な臨床的試みや実践の結果が評価され組み込まれていき、その問題への有効な処方箋が書かれるようになることもあるだろう。社会科学の諸学問が立ち向かう問題の多くは、人間や社会の成り立ちにかかわる古くからの本質的な問題をつねに内包していながら、その時代その場所その社会にあって初めて新しい特殊な問題として立ち現れてくるような現代的で同時代的な問題である。その問題が新しければ新しいほど、既存の理論や基礎などの規範的な方法だけでは立ち行かず、まずはその問題を記述し共有し、その問題にかかわる実践を試みるなかでその問題の本質を見定め解決を図っていくような臨床・実践の知が求められるのである。

ひとつの学問を修めることによって混沌とした複雑な人間と社会の現実がひとつの秩序だった姿として顕れてくるとすれば、それはその学問の視座からその現実が見えているのであるが、それは同時に、その学問の視座からしかその現実が見えていないということである。ひとつの偏った見方に過ぎない。人間には、自分に見えているものが客観的現実であり、他の人間にも同じものが見えていると思い込む強い傾向がある。この自己中心性によって、同じものを見ていても他の人間にはまったく異なる現実が見えているのかもしれないという、他の可能性に対する想像力の欠如と多様性への鈍感や不寛容が生まれる。それは独り善がりの裸の王様である。

人間と社会の複雑に絡まりあった糸を解きほぐそうとするとき、様々な解きほぐし方があるだろう。複雑な現実は、その複雑さゆえに、見る人間の見方次第でどのような姿としても顕れてくるだろう。それぞれの学問はそれぞれの独自の視点から、この複雑な人間と社会の現実の整理の仕方、問題の捉え方、処方箋の書き方を提供してくれる。ある学問の視座からは最善の処方箋に見えるものが、別の学問の視座からは最悪の処方箋に見えたり、その学問が想定していなかった深刻な副作用や副反応を伴うことが分かったりするかもしれない。社会科学の諸学問が実践や応用を視野に入れるとき、そこに倫理的な責任が伴うことは言うまでもない。確たる処方箋もなく試行錯誤を繰り返すのだからなおさらである。慎重にも慎重を期さなければならない。独り善がりの処方箋ほど危ういものはない。

日常という現場、社会という現場、福祉、教育、体育、心理、地域の現場。社会科学の諸学問は、それぞれが得意とする現場を持ちながらも、どの学問もどの現場にも深くかかわることができる。どの現場にも人間がいて社会を構成しているからである。社会科学に限らず、文系から理系にいたるあらゆる学問が、どのような現場であれひとつの現場で交差し、そこにある問題や困難を共有して、様々な視座から様々な可能性を考慮した検討を加えることによって、学際的で総合的な、現在のそれぞれの学問が到達しうる限りの知を集結した、可能な限り最善の処方箋を書くことができるだろう。

（岡　隆）

第7講

社会を「共有《シェア》」する

久保田裕之

†「共有」するってどういうこと?

「共有《シェア》」と聞いて、みなさんがまっさきに思い浮かべるのはどんなイメージだろうか。もしお兄さんやお姉さん、弟や妹がいれば、小学校の頃にお姉さんと洋服を共有していたことを、中学校の頃に兄弟姉妹と勉強部屋を共有していたことを思い出すかもしれない。もっと小さい頃に、近所の公園で、ブランコや砂場、三輪車やお気に入りのおもちゃを、友だちと譲りあったり奪い合ったりしたことを思い出すかもしれない。こんなふうに、分けることのできないモノや場所を、複数の人間で、同時に所有したり使用したりすることを、「共有/共用」と呼び、逆に、自分ひとりで独占的に何かを所有したり使用したりすることを「私有/専有」と呼ぶ。もし自分ひとりで「私有/専有」するのであれば、自分の好きなときに好きなだけ使うことができるし、誰かに遠慮したり相談したりする必要はない。逆に、他人と「共有/共用」することは、ひとりで好きに使うことはできないかもしれないが、その分かかるお金や掃除の手間を分担して安くあげることができるかもしれない。

最近では、これまで「私有／専有」するのが当然と思われてきたモノが、「共有／共用」されるようになったことが注目されている。たとえば、「オフィス・シェア」と呼ばれる会社のオフィス機能の一部を複数の企業で共用する試みがある。会議室やコピー機のみならず、企業活動に必要な様々なオフィス機能は、かならずしも一つの企業で占有する必要はなく、共有できる部分は共有して効率化を図ろうとしていることが分かる。たとえばまた、「カー・シェア」は、個人の持ち物であることが多い自動車を、複数の個人が共用する試みである。実際、自分の家の車があれば、ガレージに停まっていて使われていない時間を計算してみると、車を個人で所有するのはもしかして無駄が多いことなのかもしれないと思えてくる。たとえばまた、「ルーム・シェア」や「シェア・ハウス」と呼ばれているのは、個人や家族で共有するのが当たり前だと考えられてきた住居を、家族でも恋人でもない他人と共有して共同で生活するというものである。

けれど、よくよく考えてみると、それ以前にも私たちは多くのモノを「共有」して生きてきたし、現在も沢山のモノを「共用」して生きていることに気づく。もう一度、車の例を借りれば、自動車は個人名義で私有していても、（よほどの高級車でもないかぎり）夫婦で共用している方が一般的だろう。また、「カー・シェア」以前から、自動車を利用した時間の分だけ支払う「レンタカー」という仕組みも存在し、そう考えると、タクシーもまた自動車と運転手さんを共有する仕組みであるようにもみえる。そうなると、バスをはじめ鉄道や地下鉄など様々な公共交通機関も、多くの利用者がみんなで移動手段を「共有」することで一人あたりの値段を低く抑えていると考えることもできる。また、住宅の例でいえば、多くのマンションは、個人ではなく家族によって共有されてきたし、単身者の住むワンルームマンションであっても、廊下やエレベーターを共有しており、一つの家族だけ／ひとりの単身者だけのために住宅を建てるよりも、効率的に空間を利用している。こうした様々な形の「共有」のあり方にはどのような違いがあって、どこまでを「共用」と呼べば良いのだろうか。

そこで、この章では、私たちがどのように社会を「共有／共用」してきたのかという観点から、現代にいたる社会の変化を駆け足でみていく。そのなかで、社会学という学問分野が扱うことのできる広大な領域の中から、いくつかの切り口を紹介していこう。

†生活・経済を「共有」する

まず、時代を少しさかのぼるだけで、私たちは今よりもずっと多くのモノを、ずっと共同的なかたちで共有して生活を支えてきた。それどころか、多くの人々が農業に従事して自給自足的な生活をしていた時代には、一つの家族やたった一人で生きていくことは不可能に近かった。たとえば、農地は一つの家族や一個人によって独占的に所有、利用されるのではなく、村落全体が力を合わせて水を引き、洪水や氾濫を抑えて、ようやく収穫にこぎ着けることができたからである。とりわけ、地域の森や共有林は、動植物など重要な食料の供給源であり、薪や木材など燃料や資材の供給源として、生活に欠かせないものであった。このような日本では「共有林」や「入会《いりあい》」などと呼ばれる個人の所有に還元されない土地の共有や共用の形態は、単なる「共有」と区別するために「総有《そうゆう》」と呼ばれてきたものである。

ところが、こうした生活基盤の伝統的な「総有」は、とりわけ一八世紀以降に近代化と資本主義の発展に伴って大きく変化し、家族や個人を単位とする「私有」へと変化していった。たとえば、農地の囲い込みと都市化・工業化の進展によって、地域共同体と地域の森や共有林を中心とした人々の生活基盤は、徐々に破壊されていく。かわりに、共同体から切り離された人々は都市へと流れ込み、「その日、働いて賃金を稼いで食べ物を買う」ことしか生きる術を持たない大量の「無産労働者《プロレタリアート》」を生み出すことで、産業革命と資本主義経済を準備することになる。その結果、労働者は、自らの責任で、自らの運と実力だけを頼りに、自分と自分の家族の生活を支えなければならないという過酷な時代が幕を開けた。ある者は莫大な富を築き、ある者は貧困に陥り、両者の間の格差は拡大していくことになる（このあたりは、世界史や日本史の授業で勉強した人は、ぜひ思い出してみて欲しい)。いわば、資本主義とそれが生み出す問題は、共同体的な生活基盤の「総有」が、個別の「私有」にとって替わられたことによって加速していったのである。

そのため、近代的な「私有」を前提として、私たちが現在イメージする「共有」も、それ以前の伝統的で共同体的な共有と比べると、極めて個人主義的なものである。たとえば、近代的な「共有」の例としては、兄弟姉妹のうち二人で半分ずつお金を出し合って新型のゲーム機(New Nintendo 3DS)を買ったという場面を想像してみよう。二人で平等にお金を出し合っているので、特に取り決めがなければ、二人で同じ時間だけ使用するだろうし、逆にもし自分だけ全く遊ばせてもらえないなら文句をいうことができる。それでもゲーム機を使わせてもらえないなら両親に訴えて自分が払った代金の半分を返還してもらおうとするだろう。このように、一般的にイメージされる現代的な「共有」は、支払ったお金に対応する「持ち分」とその比率が決まっていて、共有者はこの持ち分に従って共有物を自由に使うことができるし、それが妨げられる場合には、「持ち分」の精算を求めることができるような、個人主義的なものと考えられている。

とはいえ、現在の私たちの生活のなかで、全て近代的な「共有」にとって替わられてしまったかというと、必ずしもそうではない。身近な例では、たとえば、二〇年以上続く高校の名門バレーボール部の備品のようなものを想像してみよう。たしかに、一五人ほどの部員は毎月一〇〇〇円程度の部費を徴収され、ボールやネットの手入れを分担しているかもしれない。そのため、お金や労力を負担しているにもかかわらず、備品を使用させてもらえなかったり、一切練習に参加させてもらえなかったりしたら、「それはおかしい!」と声を上げることができるだろう。しかし、「部員は一五人だから、この備品の一五分の一は私のものだ」といって勝手にネット一枚とバレーボール二個を持ち帰ることや、その分の費用を請求することは難しい。なぜなら、二〇年以上も続くバレーボール部は、現在の部員一五だけで共有されているわけではなく、高校から支出された活動費によってのみならず、二〇年間同じ場所で汗を流し、部費を払い、用具を手入れしてきた先輩によっても支えられてきたものであり、もはや、何人によって共有されているのかも、誰が何分の一の「取り分」を持っているのかも分からない。望むと望まざるとにかかわらず、現在の部員は、過去にその部活にかかわった全ての人の恩恵のもとで活動し、同じように、まだ見ぬ未来の部員達にその恩恵を引き継ぐことが期待されている。いわば、備品はあくまで「バレーボール部」という過去と未来をつなぐ共同体によって「総有」されているのであって、現在の個々の部員によって単に「共有」されているわけではないからである。

このように、近代に始まる私たちの生活の基盤を支える経済構造の大きな変化と、個人主義的な競争社会が引き起こす貧困や格差の問題、逆に、現代にも残る共同体による排除や抑圧の問題は、社会学のもっとも重要なテーマのひとつである。

†政治・権力を「共有」する

次に、人々の生活の基盤の「共有」され方についての経済的な変化は、その「管理」にかかわる政治・権力に関する大きな変化とも、深く関連している。一七世紀に欧州で始まる市民革命は、政治的な意思決定の権利を、つまり、私たちが共有する社会を、誰もが平等に管理・運営するための権利を求めて争われたものであった。たとえば、イギリスの清教徒革命や名誉革命、アメリカ独立革命やフランス革命は、通商の自由や移動の自由のみならず、それまで王様や一握りの貴族が「専有」していた参政権という「管理」権限を、身分を超えて全ての国民で広く「共有」しようとするものだった。その結果、法的には全ての人々が、平等な権利を持ち、その能力に基づいて様々な職業に就き、様々な分野で活躍することができる下地が整っていった（このあたりについても、政治経済や倫理の授業で勉強した人は、思い出してみて欲しい）。

これに対して、一九六〇年ごろから人種差別撤廃運動や女性解放運動の名の下に問題化されたのは、法的なレベルの平等が達成されても、社会的なレベルで存在する偏見や差別のせいで、依然として重要な政治的意思決定から排除されている人々の存在であった。たとえば、法的には、日本でも女性は男性と同じように様々な職業につき、様々な場面で活躍することが可能になったにもかかわらず、国会議員や大企業の役員など政治的・経済的意思決定機関に参与する女性の数は未だ少なく、ジェンダー平等という観点からは先進国の中で大きく遅れをとっている。これは、「女性の本来の居場所は家庭であるため、政治的・経済的指導者は任せられない」という意識が、日本の福祉制度や家族制度を支えていることの結果であると考えられている。

このように、社会学は、政治学や法学が扱うような国会や行政、憲法や法律といった公式的《フォーマル》な組織や制度だけでなく、それを支えるより身近で非公式的《インフォーマル》な組織や制度もテーマとすることができる。

†価値・規範を「共有」する

さらに、私たちの「共有」や「管理」についての大きな変化は、それを支える人々の意識や信念の変化とも大きくかかわっている。私たちが、どのような生活を望ましいと思い、どのような社会を正しいと考えるかは、本能や欲求といった内的な要素のみならず、その社会の価値や規範といった外的な要素によっても大きく影響を受けるからである。たとえば、日本でもお父さんお母さんの世代であれば誰もが結婚して子どもを持つのが当然だと考えられていたのに対して、現在では個人の選択によるという考え方も強くなっている。また、アメリカ合衆国などでは、国を守るために軍隊に入った経験があることは最高の名誉とされ、政治家として成功するための重要な条件となっているが、日本でそのように考える人は多くないだろう。このように、人々の選好や価値意識は、その人が生まれ、その人が生きてきた社会の中で、何が価値づけられており、どのような手段や環境が提供されるかと無関係ではないからである。

この点、近代以前の社会においては、親族を中心とした地域共同体の中で、祖先崇拝を中心とした地域信仰が人々の間を結び付け、人々の生きる意味と目的を共同体へと結び付けていた。こうした経済的基盤と結びついた伝統的な価値・規範は、たとえば、地域の中の地位や身分を正当化して、人々に役割を与え相互扶助を義務づけてきた。同時に、人々から移動の自由や職業選択の自由を奪い、伝統に基づく身分差別や性差別を含んでいた点で、現代からみれば多くの問題も抱えていた。また、既に述べたように、生活のために必要不可欠な山林といった村の「総有」財産を、「神々の住む山」「鎮守の森」として神聖視し、地域の信仰やしきたり、伝統で縛ることによって、資源の取り過ぎや、ゴミの捨て過ぎなどを防ぎ、森林を伐採して造成・開発することを抑制してきた。

これに対して、近代化による地域共同体の崩壊と産業化によって都市に様々な価値・規範を持った人が混在するようになると、人々は自由と引き替えに共同的な生活から切り離されていく。過去と未来をつなぐ共同体としての村の伝統的な「総有」財産であった「神々の住む山」

や「鎮守の森」が、単なる「私有の寄せ集め」になって初めて、大規模の山林の開発やニュータウンの造成などが可能になる。ドイツの社会学者マックス・ヴェーバーは、伝統的・神秘的な説明が力を持たなくなり、合理性によって「たたり」や「おそれ」といった信念・信仰が取り払われることを「脱魔術化」と呼んだ。たとえば、日本を代表するアニメ・クリエイターである宮崎駿氏の映画「もののけ姫」が描いたのは、「シシ神」や「木霊《コダマ》」によって守られていた地域の森や共有林が、人間の文明によって「もはや神の住まない」単なるモノとしての山や森へと格下げされるプロセスであった。現代の私たちが住む社会は、魔法が解けることによって誕生したのである。

ところが、共有された伝統や信仰から切り離されて自由になった個人を、今度はどのように互いに結び付け協力させていくかという別の問題も生じてくる。人々が助け合ったり、困った人に手をさしのべたりするために、もはや「神」や「伝統」を持ち出すことはできないだけでなく、「常識」や「当たり前」を持ち出すこともできない。近代社会においては、誰もが最低限の人権を保障されるとしても、それ以上の助け合いや協力関係をどこまで強制されるのかは難しい問題である。近年の日本でも、あらたに保育園を作ろうとすると「子どもがうるさい」といった理由で地域の反対運動が展開されることがある。こうした「自分と自分の家族さえよければ、それ以上のことは自分には関係ない」といった態度は、一九六〇年代から「マイホーム主義」や「家族利己主義」として批判されてきたが、これは伝統や共同体から人々が自由になり、自分のことだけを考えていればよくなった一つの帰結でもある。たとえば、フランスの社会学者エミール・デュルケムは、多くの人が農業といった同じような仕事に従事していた前近代に比べて、人々が様々な職業に従事する近代社会においては、人々を繋ぎ止めるには異なる共同意識に基づく異なる連帯のあり方が求められるとして、前者を「機械的連帯」、後者を「有機的連帯」と呼んで区別している。

このように、経済の変化や社会制度の変化のみならず、それらと深く関わる、宗教や信念、価値や規範意識のレベルにも注目するのが、社会学の特徴の一つである。

†情報を「共有」する

最後に、現代社会における情報の「共有」のあり方は、情報の収集・選別・伝達のための特別な手段を持つマスメディアにほぼ独占されていたものの、近年の複製技術とりわけデジタル技術とインターネットの発達によって、大きく変化しつつある。もともと、英語で「情報をシェアする」ことは、「共有」する、すなわち「伝える／教える」という意味になるように、物理的なモノや場所の共有／共用と異なり、情報は「共有」しても減らないことに特徴がある。しかし、写真にせよ動画にせよ口コミにせよ、情報は伝わるうちに、減らないとしても「劣化する」という特徴も持っており、このことが「より本物に近い」「より真実に近い」「よりオリジナルな」情報を求める人々の動機ともなっていた。

これに対して、一九九五年以降、インターネットの普及とデジタル複製技術の発展によって、マスメディアを通じなくても世界中から情報を収集し、名も無い個人が世界中に情報を発信することが可能になる。もともと軍事上の必要から生まれたインターネットは、中心を持たない分散型ネットワークであり、それゆえ匿名で利用しやすいことに特徴がある。また、デジタル(二進法)複製技術によって、理論上一切の劣化なく情報の複製が可能になったことで、情報の「共有」のされ方は大きく様変わりした。とりわけ、二〇〇〇年代からは、高性能な携帯情報端末やSNS(ソーシャル・ネットワーク)と呼ばれるプラットフォームの登場により、既存の国家の枠組みを簡単に跳び越えて、いつでも、誰でも、どこからでも、情報の受信と発信が可能な「ユビキタス(ubiquitous)社会」を出現させつつある。たとえば、これまで雲の上の存在であった有名アーティストや芸能人と直接のメッセージのやりとりが可能になったり、大規模な事故の現場に居合わせた一般人が高画質の映像と共に中継したり、マスメディアが報じないような情報を直接収集・発信することを通じて、スポンサーの顔色を窺う大手メディアを牽制したり、監視したりといった役割を担いつつある。

反面、こうした誰でも、いつでも、インターネットの網の目から逃れられない過酷な状況は、新たな社会問題を発生させてもいる。たとえば、著作者の権利である「著作権」の保護は、デジタル複製技術によってますます困難になり、国境を越えた海賊版や二次創作の流通と取り締まろうとする側のイタチごっこが続いている。また、世界中に分散するネットワークであるインターネット上にいったん流出してしまった情報は、事実上、完全に消し去ることが不可能であり、個人のプライバシー管理が困難になるだけでなく、別れた恋人が復讐のためにプライベートな画像を流出させる「リベンジポルノ」といった問題も生じている。さらに、従来であれば私的で小さな事柄として見過ごされてきた、未成年飲酒やアルバイトでの悪ふざけが、その日のうちに拡散され、瞬く間に炎上し、即座に社会的制裁が加えられるといった監視社会の利点と欠点にも向きあう必要がある。

このように、新しい情報通信技術の発展によって、情報の「共有」のあり方が大きく変化したことで、従来マスメディアが果たしてきた役割や、直接的・間接的な人々のコミュニケーションのあり方にどのような変化が生じるのかも、社会学にとって古くて新しい重要なテーマである。

以上、駆け足で見てきたが、「共有」というキーワードを通じてこの章で紹介してきたのは、社会学が扱うことのできる膨大な領域のほんの一部にすぎない。みなさんが日々、不満を持ったり興味を持ったりしたことをきっかけに、考えてみたいと思うあらゆるテーマが社会学の対象である。ぜひみなさんの今の一番の関心を大学で「共有」して欲しい。

◇ブックガイド

奥村隆『社会学の歴史I――社会という謎の系譜』（有斐閣　二〇一四年）
本田由紀編『現代社会論――社会学で探る私たちの生き方』（有斐閣　二〇一五年）
見田宗介『社会学入門――人間と社会の未来』（岩波新書　二〇〇六年）

第8講

悲しみをわかちあう

金子絵里乃

†となり合わせの生と死

「メメント・モリ」(memento mori) という言葉を聞いたことがあるだろうか。これは、ラテン語で「自分がいつか必ず死ぬことを忘れるな」という意味の言葉であり、日本語で「死を想え」と表現されている。中世ヨーロッパにおいて、戦争や疫病などによって死を常に意識せざるを得ない時代に、明日死ぬかもしれないのだから、死を想い、今をたいせつにして生きていこうという死生観が生まれた。

意識することなく呼吸をして生活している日常において、自分が生きているということを実感することがどれだけあるだろうか。自分や自分にとってたいせつな人が、いつか必ず死ぬということを考えることがどれだけあるだろうか。「メメント・モリ」という言葉を知っていたとしても、身をもって感じて生きているだろうか。毎日の暮らしのなかで、死は自分ごとではなく、遥か遠くにあるかもしれないが、目に見えないだけであり、いっときも離れることなく生のとなり合わせにある。これは、どの時代であっても、どの場所であっても、誰にでも共通していることである。

筆者は、大学院生の頃に小児がんで子どもを亡くした親の会で実習していた。そこで、子どもを亡くしたある一人の方とお話ししたことをきっかけに、かけがえのない、たいせつな人を亡くした人の生活世界に引き寄せられた。それは、筆者自身が家族を亡くしており、それまで等閑視してきた自らの体験とその人の生活世界がどこかでリンクしたのかもしれない。生きてきた人生が一変するような、まるで色彩がなくモノクロの世界に突き落とされたような感覚に陥ること、悲しみが深ければ深いほど、つらければつらいほど、それを言葉にすることができないこと、誰かに聴いてほしいと思いながらも、ありのまま悲しむことができにくい日常を生きていること。こういった生活世界に研究者は十分に目を向けてこなかったのではないだろうか、同じような体験をして孤独のなかを生きている人がいるのではないだろうか、その人たちに同じような体験をしている人がいることを伝えたいという素朴な思いが研究の出発点となった。そして、さまざまな原因でたいせつな人を亡くした人の体験を聴き、それを言葉にして伝えていくことを使命と感じるようになり、研究を続けてきた。

社会福祉学と聞くと、高齢者や介護について学ぶことをイメージする人が多いかもしれない。

しかし、実際はそれだけではない。社会福祉学には、一人ひとりのいのちを尊ぶという価値が根底にあり、苦悩や孤独のなかにある人、人とのつながりや生きる力を喪いかけている人、援助につながりにくい人など一人ひとりに目を向ける。そして、本人がどのような生活をし、どのような苦悩を抱えているのか、どのようなことを必要としているのか、あらゆる人があらゆる相談ができるような相談支援体制を地域で展開していくには、既存の体制をどのように変えていけばいいのか、人と人がささえあい、しあわせに暮らしていくにはどのような仕組みや制度が社会に必要なのかなどを広く深く考え、学び合う、学際的で魅力的な学問である。社会福祉学は、限られた人のことではなく、生きているすべての人、つまり、自分と密接に関係することを学ぶ学問である。

本講では、たいせつな人を喪うことによって体験する悲しみとはどのようなものなのか、そのなかでも、子どもを亡くした人の悲しみとはどのようなものであり、同じ体験をした人と人が悲しみをわかちあうことが本人にとってどのようなささえとなるのかを論考する。これも、社会福祉学のたいせつなテーマの一つである。悲しみは一人ひとり異なり、唯一無二のものであり、その本質をほんとうに知っているのは本人だけである。本人さえも知らない悲しみもきっとある。悲しみとはこうであるという答えはないが、悲しみを思考することや、わかろうとすることは、人が人と生きていく上でたいせつなことだと思う。

†悲しみの姿――グリーフとは

人は、生まれてから死ぬまでの間にさまざまな喪失体験を積み重ねる。たいせつな人やペット、宝物や職や住まい、身体の一部や健康、役割や生きがいなど、その種類は多様にある。目に見えるもの、目に見えないものを含め、人が自分とつながりのある何かを喪失した、あるいは喪失するかもしれないと予感した時に体験する悲しみの反応をグリーフという。もともと「重い」という意味をもつラテン語の〝gravis〟に由来し、「心が悲しみで重くなる（いっぱいになる）」という状態を示す言葉として用いられていた（バーネル&バーネル『死別の悲しみの臨床』医学書院　一九九四年）。日本語では「悲嘆」と訳されており、悲しみを専門的・理論的に表現した言葉である。

表1は、人が体験するグリーフの一例である。一人ひとりグリーフには違いがみられるが、人がたいせつな人を喪うかもしれないと予感したり、それが現実となった時にどのようなグリーフを体験するのかという特徴がみえてくる。喪失体験のなかでも、人生が一変することさえもある死別体験は、人の心身や人生に層となって影響を及ぼし、身体、心、認知・行動、社会、スピリチュアルな側面に多様なグリーフがあらわれる。これまでに体験したことのないようなさまざまな反応が全身にあらわれ、おかしくなってしまったのではないかと心配する人もいる

身体	動悸、耳鳴り、息切れ、めまい、節々の痛み、失神、慢性的な疲労、食欲不振、胃痛、頭痛、腹痛、胸のしめつけ、息苦しさ、体力の衰え、エネルギーの欠乏、喉の渇き、持病の悪化、免疫力の低下
心理	悲しみ、ショック、不安、怒りや敵意、絶望感、罪悪感と自責の念、不信感、抑うつ、恐れ、孤独感、消耗感、虚弱感、思慕、感情の麻痺
認知・行動	否認（死を信じられない）、落ち着かない、混乱、亡き人を探す、幻覚、睡眠障がい、摂食障がい、思考力や記憶力の低下、現実逃避、アルコールや喫煙の量が増える、うわの空、無力感、過活動、引きこもる
社会	人と疎遠になる、孤立する
スピリチュアル	生きる意味を失う、自分を見失う、生きがいを失う

表１　グリーフの一例

が、通常、グリーフは病気ではなく、人が体験する自然なものである。

グリーフは十人十色であり、亡き人との関係のありようやつながりの深さ、亡くなった原因、死別を体験した人の性格や年齢など、さまざまな要素が重なり合い、混じり合うことによって違いがみられる。たとえ、同じ年齢の人が同じような原因でたいせつな人を亡くした場合であっても、その人の性格や悲しみとの向きあい方などによってグリーフのあらわれ方は異なる。また、グリーフを体験する時期や期間なども人それぞれである。死別した直後にグリーフを体験する人もいれば、死別してから数年経った時にはじめて体験する人もいる。「一人ひとりの悲嘆はすべての人たちの悲嘆と似ている。一人ひとりの悲嘆はある人たちの悲嘆と似ている。一人ひとりの悲嘆は誰の悲嘆とも似てはいない」（ウォーデン『臨床実践ハンドブック　悲嘆カウンセリング』誠信書房　二〇〇一年）。これは、グリーフには多くの人が体験するような特徴的な反応もあるが、一人ひとり異なることをわかりやすく描写している。

時薬（ときぐすり）という言葉があるように、時間はグリーフをやわらげる要素の一つではあるが、時間の経過によってすべてが癒されるという単純なものではない。とはいえ、死別した時と同じような状態が永遠に続くことはなく、グリーフはかたちをかえて変化していく。波があり、波が高まったと思えばひいていき、ひいたと思えば何の前触れもなく突然高まることがある。たとえば、命日反応、記念日反応といって、命日や亡き人と思い出のあるお誕生日やクリスマスなどの記念日の前後になると、何年経っても、体調を崩したり、どっと落ち込むようなことがあり、心身の突然の変化に本人がびっくりすることもある。

†親が子どもを喪うということ

「かなしみ」は、漢字で「悲しみ」と表されていることがほとんどであるが、「愛しみ」という表現もある。「愛しみ」は「かなしみ」の性質をありのまま表現しており、亡き人とのつながりや愛情が深ければ深いほど、のこされた人のなかに悲しみは奥深く根づく。かけがえのない、愛する人を喪うことによる悲しみは、のこされた人の魂を揺り動かすような体験である。

とにかく朝起きると胸が痛いの。朝起きると、もう胸が痛い。夜も眠れない。で、一時は睡眠剤をもらったりしてたんだけど。とにかく朝起きると、ふっと起きると、もうあの子がいないって思って胸が痛い。（金子絵里乃『ささえあうグリーフケア』ミネルヴァ書房　二〇〇九年）

これは、小児がんで子どもを亡くしたAさんの語りである。Aさんのように、「子どもが死んじゃって、もう未来はない」と思い、子どものいない人生をこれからどう生きていけばよいのかわからないという人は多い。親にとって、子どもを喪うということは、自らが生きていく未来をも喪うようなことなのかもしれない。

Bさんは、子どもを亡くした後、葬儀や四十九日の法要など死にまつわる儀式に対応しながら、その一方で過去を振り返っては闘病生活におけるさまざまなことを後悔したり、子どものいない人生を生きていくことに先行きの見えない不安を感じていた。

最初の一年間は本当に自分のなかでも混乱していて、本当に過去を振り返って悔やんでばかりいたり……。自分がこれからどうしたらいいいんだろうって思ったり……。それから、子どもが亡くなったっていうことで初めて対処しなくてはいけない出来事がたくさん出てくるわけですよね。例えば、もうすぐにでも葬儀の取り仕切りとかどうしようから始まって、四十九日の法要をどうしたらいいんだとか、お墓どうしたらいいんだとか、そういう葬儀にまつわるようなそういう儀式を取り仕切らなくちゃいけなくて、もうそういう忙しさとか戸惑いのなかで、今までの闘病に対する後悔があったり、これから自分はどうしたらいいのかとか……。毎日病院に通っていた生活ががらっと変わっちゃって、自分の身の置き場がなかったり……。それから近所の人とのかかわりも変わってしまって、子どもを亡くした親として見られて、何をしゃべったらいいのか、相手も何を話しかけていいのかっていうそういうぎこちない状態があったり。それは学校だとか、職場だとか、いろんな所で全て人間関係が少しずつ変わっていくわけですよね。（金子、前掲書）

死を境に子どもの姿が目の前から消え、その子のいない人生を生きていくという現実は、親にとってあまりにも過酷である。葬儀などを通して子どもが亡くなったという現実を頭では認識できても、その現実を受け入れられないという人がほとんどではないだろうか。Cさんは、子どもの葬儀の時、自分よりも子どもが先に亡くなったという不条理に耐えきれず、お坊さんに子どもの死をどう受け入れたらいいのかを尋ねていた。

私……お坊さんにむかって、こういう小さな子の死をどういうふうに考えたらいいんですか？　って……。まぁそれは発狂状態ですよね……。どうやって考えて……どうやって自分はこれから生きていけばいいかって、お坊さんに言ったんですけど……普通は順番がありますよねっていう……。お坊さんも、こんな人が来ちゃって困っちゃったなって感じでしょ？どうやっていいか……この世の不条理を……どう説明もできないじゃないですか……。（金子、前掲書）

たいせつな人を亡くした人が、亡き人のいない新たな生活に適応するには、「喪失の現実を受け入れる」という課題に取り組むことが必要だと言われている（ウォーデン）。そして、この課題に取り組むことが援助の一環として行われている。

「喪失の現実を受け入れる」ことは、たいせつな人を亡くした人が生きている世界に合うことなのであろうか。本人からお話をうかがっていると、誰もが現実を受け入れられるわけではなく、現実を受け入れようにも受け入れられない人が多くいることを実感する。受け入れがたい現実を生きるという生きづらさとはどのようなものなのかを本人のいる世界から見つめようとする、人としてのあり方がたいせつだと思う。

†悲しみをわかちあう人たち

愛するわが子を亡くし、悲しみのなかにいる人のささえとなっているのが、同じような体験をした人の存在である。そして、子どもを亡くした人が集うセルフヘルプ・グループ（Self-Help Group、以下SHG）が悲しみをわかちあう居場所となっている。

SHGとは、生きづらさを感じたり、悩みを抱えている本人たちが出逢い、つながり、ささえあうグループである。SHGは、悩みの数だけグループがあると言われるほど数多くあり、活動分野も多岐にわたる。どのグループにも共通しているのは、参加している人がみな当事者であり、同じような体験をもっていることである。

子どもを亡くした人のSHGを含め、たいせつな人を亡くした人のSHGは、悲しみをわかちあうことを主として活動している。その多くは、「わかちあいの会」という名の会を開いている。

たいせつな人を亡くした人と人が悲しみをわかちあうとはどのようなことであり、それが本人にとってどのようなささえとなるのであろうか。図1に示したように、悲しみをわかちあうことのなかには、「共存する」、「共有する」、「共生する」という三つの要素が内包されている。

①共存する

「同じような人がいっぱいいるんだっていうか……。そう思ったらもう、本当に……そこにいるっていうだけで気持ちが救われて」（金子、前掲書）。子どもを亡くした人のSHGに参加している人はみな、子どもを亡くした人である。その人にとってささえとなっているのが、自分と同じように子どもを亡くした人と共にいることであり、そこに集う人の存在そのものにお互いがささえられている。

子どもを亡くした人は、子どもを亡くした体験をもつ人のいる世界と、そのような体験をもたない人のいる世界を別世界と感じることがある。両者には越えられない垣根がそびえ立ち、「自分の子どもが亡くならない限り、このつらさはわからない」と思う人もいる。こうした思いが強く湧き上がるのは、周囲の人から「思ったよりも元気そうですね」など、心ない言葉を言われた時である。心が傷ついたり、怒りを感じるなかで、その人たちとかけ離れた距離感を抱くようになる。わが子を喪うことがどのようなことであり、どのような気持ちで生きているのかということが置き去りにされ、誰にもわかってもらえないこと

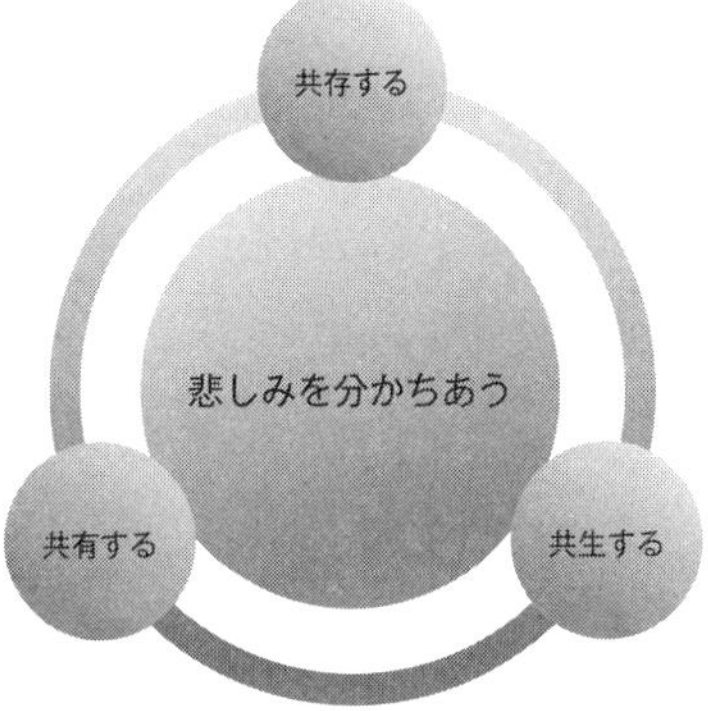

図１　悲しみをわかちあう──３つの要素

を体感し、さらなる悲しみが積み重なる。誰かに自分の気持ちをわかってもらいたいと思いながらも、当事者でなければわからないというアンビバレントな感情をもちあわせているのである。

SHGに参加すると、世の中には自分と同じように子どもを亡くし、同じような気持ちで生きている人が実際に存在することを多くの人たちが実感する。「同じ思いをしている人が目の前にいるっていうことが、なんか……あの……その人たちにとっては、ここにいるっていうこと自体が不幸なことなんだけれども、ほんとに心のささえになっている」（金子、前掲書）というように、子どもを亡くした人たちが場を共有し、共にいることは、お互いに言葉にならない悲しみを感じあい、共に存在していることだけでささえられるひとときとなる。それによって、環境的にも心理的にも孤立感を深め、ひとりぼっちと感じていた人の悲痛や孤立感はやわらいでいく。また、SHGに参加して変化していく人の姿を見たり、彼らの体験を直接聴くことは、先行きの見えない未来を見据えるきっかけにもなる。

②共有する

子どもを亡くした人の悲しみは、子どもを喪った喪失感だけではない。「なぜ子どもが亡くなってしまったのか」という不条理の思いや、「あんなこともこんなこともしてあげたかった」、「もっとこうすればよかった」、「子どもを守ることができなかった」というような自責の念や後悔もある。元気な子どもを見てうらやましいと思い、そう思う自分に罪の意識を感じることもある。また、子どもが亡くなったことによって家族関係が崩れ、パートナーやきょうだい児とどうかかわっていいのかわからなくなるなどの苦しみもある。

SHGでは、このようなさまざまな悲しみを一人ひとりが言葉にして語り聴きあう。心に封印していた悲しみを語ること、そして、その語りを聴いた人に受けとってもらえた、わかってもらえたと心から共感しあうことは、親にとって意味深い体験となる。「同じ苦しみをしている人と話せる……話せることができるっていうのが一番の救いでした」、「話せるっていうことはすごく楽になるんですよね。ましてや同じ体験をしている方たちばかりですから」（金子、前掲書）というように、同じ体験をした人にしかわからないこと、その人だからこそ語りあい、共感しあえることがある。子どもを亡くした人たちが、心に封印してきた悲しみを語りあい、共感しあうなかで、一人ひとりのなかに積み重なった悲しみが共有されていく。そのプロセスが、親にとってささえとなり、日常を生きていく力にもなるのであろう。

③共生する

子どもが亡くなってから時間が経つにつれ、日常生活では周囲の人が子どものことに触れることが少なくなり、親は子どものことを話しづらくなっていく。子どものことを過去として受けとめられ、それによって悲しみが深まることもある。SHGは、子どものことを思いのままいつでも気兼ねなく語りあえる場であり、子どものことだけを考えていられる場でもある。

親は、ＳＨＧで子どもを心のなかで想いながら語ったり、生きていた頃の子どもの話をしていくなかで、死別によって物理的に遠く離れてしまったと感じていた子どもを心理的に近くに感じるようになる。「すべてが（子どもと）つながっている」、「子どもと近いところにいる」、「子どもと一緒に生きている」（金子、前掲書）というように、子どもが生きていた時とは異なるかたちで子どもとのつながりを体感するようになる。ＳＨＧで子どものことを語りあい、涙を流し、喪った悲しみを共感しあうことは、子どもを亡くした親が子どもとつながり、子どもと共に生きることを実感していくきっかけの一つとなっている。

†一人ひとりのいのちを尊ぶ

たいせつな人を亡くした人にとって、悲しむことは尊いことである。「愛しみ」という言葉が示しているように、悲しみの根源には亡き人への愛があり、悲しむことは亡き人を愛おしむことでもあると思う。同じ体験をした人と人が悲しみをわかちあうことは、「共存」、「共有」、「共生」するなかで亡き人を愛おしみ、思いのままでいられることであり、ありのままの自分の存在を認められていることをお互いに体感することなのかもしれない。

冒頭で述べたように、悲しみは一人ひとり異なり、唯一無二である。悲しみとの向きあい方も人それぞれであり、すべての人が悲しみをわかちあうことを求めているわけではない。人と悲しみをわかちあわず、心の奥にそっと封印している人もいる。悲しみをわかちあうことが難しいことも当然あるであろう。たいせつな人を亡くした人同士であっても、亡くなった原因、性格、年齢などの違いによって温度差が生まれ、悲しみが深まることもあるかもしれない。また、死別は生活の変化を余儀なくされるため、たとえば、家族が亡くなった後に一人で生活していくことが困難な人などの場合、悲しみをわかちあうことよりも、援助者による援助が早急に必要となるであろう。悲しみをわかちあうことは、たいせつな人を亡くした人のケアの営みの一つであることを理解しておくことがたいせつである。

第9講

教育の複雑さ・微妙さを伝えたい

広田照幸

†シロウト教育論と狭い生徒体験

教育をめぐる議論は、シロウト教育論が席巻してしまっている。多くのシロウト教育論は、わかりやすいが単純すぎる論理構造だ。教育の現状を大づかみでとらえて、あっさりと全否定してしまう。「今の日本の教育はダメだ」というふうに。そして代わりに、何か単純な教育の原理や手法を掲げて、「これをやれば日本の教育は良くなる」と主張する。道徳教育の強化だったり、教員の総入れ替え案だったり、自分が経験した何かの実例だったり。こうした議論には、現実の教育への強烈な不信と、自分が信じる教育内容や方法への手放しの期待がある。今の日本の教育は無能、私が勧める教育は万能、というわけだ。

そういうシロウト教育論は明快だが、だからこそ危なっかしい。教育の複雑さ・微妙さがまるっきり無視されているからである。専門外の人に「これからの日本の教育は○○しなければならない」などと、根拠もなく強い調子で主張されると、現実を丁寧に考察しようと心がけてきた教育学者の私としたら、何と答えてよいか途方に暮れてしまう。「日本の教育はどうしようもない」と一言で切って捨てられたりすると、反論する元気もなくなってしまう。「教育はそんな単純なものではない」というのが、長年教育学を研究してきた者としての私の思いなのだが、教育の複雑さや微妙さを説明して相手に理解してもらうのはなかなか難しい。たいていの人は、そんな面倒くさい説明を聞くのをいやがるからである。

私がいま教えている学生もまた、入学してきた時点では、たいていは教育をとても単純に考えている。彼らの場合は、いわば「シロウト教育論＋自分の狭い体験」である。世間話やメディアで流れる単純な教育論と、自分が高校を卒業するまでの間に生徒として経験したものとが合体したような教育認識なのである。

自分の体験というのは、教育学を学ぶうえで意味がないわけはないのだが、でもやはり狭い。教育学という学問との間に距離がある。教員志望の学生が、「自分も教員になって、（自分が受けてきた）××のような教育をやりたい！」とあまりに強く思っているような場合には、それ以外のものが目に入らなくなる。「自分の狭い体験」が絶対化されてしまうのだ。

そういう学生には、教員採用試験に役立つ内容以外はムダな知識として映ってしまう。「教育とは何か」を深く考えさせてくれるはずの教育史や教育哲学の授業が、小難しくつまらない事実や学説の羅列に感じられてしまう。現実の教育の幅広さや奥行きを知ることができる比較教育学や教育社会学の授業が、教員としての仕事に無関係なものに見えてしまう。

しかも、そういう学生にかぎって、妙に自信たっぷりだったりする。「(教員になって)××をすれば、必ず生徒はついてきますよ。イジメだの不登校だの、今の教育は問題だらけだけど、オレは大丈夫っす」と胸を張っている。私は「いや、まぁ、キミはそう言うけれど、教育はそんな単純なものではないよ」と言うのだが、教員との雑談を楽しんでいる学生の楽しい雰囲気をぶち壊すのも申しわけない。だから、仕方がない、「いかに教育は複雑で微妙か」ということは授業の中で説明をするしかないか……。一見すると教員の仕事に無関係にみえる教育学の知識が、教育を深く理解するためには実は重要だということを、授業では内容の説明に先立ってしっかり論じておくことにしよう。

†教育の定義と教育学の広さ

そもそも、「教育とは何か」という問いを考えてみる必要がある。この「教育とは何か」という問いは、定義に関わる問いである。「教育＝よいもの」という前提を置いて、思い入れたっぷりに定義することはできる。当人が理想だと考える教育の姿を「真の教育(＝教育とはこれだ!)」として、そうでない現実の教育を批判するやり方である。

しかし、私はそういう定義の仕方をしないことにしている。現実の教育は、ほとんどの場合、「理想の教育」とはかけ離れている。だから「教育とは何か」という定義に理想の教育を据えてしまうと、現実の複雑さや微妙さを分析的に考察する手がかりを失ってしまうからである。そこで私はもっとシンプルでドライな定義を採用することにしている。

「教育」に関する私の定義は、「教育とは、誰かが意図的に、他者の学習を組織化しようとすることである」というものである（広田『ヒューマニティーズ 教育学』岩波書店 二〇〇九年、広田・塩崎編『教育原理』樹村房 二〇一〇年）。「教育」にこのような定義を与えてみたら、現代の学校教育に関して、たちまちたくさんの疑問が湧いてくる。教育の複雑さを考えるスタートとしたら、ちょうどいい。もう一度私の定義を読み直してほしい。「意図的に」というのは、現実的にあるいは原理的に、いったい誰を指すのか。この定義でいう「誰か」とは、どういう意図なのか、また、その意図はどこから生まれるのか。また、その意図はどう正当化されるのか。「他者の学習を組織化」というのはどういうやり方が理論的に可能で、現実的にはどうなっているのか。「組織化しようとすること」とズレてしまう結果が生まれてしまっている現実をどう考えるか……。つまり、教育の担い手に関する問い、目的や目標に関する問い、方法や内容に関する問い、理念と現実との関係に関する問いなど、様々な問いが存在しているのである。目の前の教育とは異なる教育のあり方を考えるためには、これらの問いに向き合う必要がある。

教育学が様々な分野（教育哲学、教育社会学、教育行政学、教育方法学など）から成り立っているのは、固有のアプローチ（接近方法）や固有の対象の考察や実証を通して、これらの問いの一つ一つに適切な答えを見出そうとしているからである。たくさんの視点からは、たくさんの複雑な議論が生まれる。単純すぎるシロウト教育論や狭い教育経験とは袂《たもと》を分かって、教育学が地味なテーマで実証研究を積み重ねたり、小難しい理屈を述べたりするのは、ある意味で必然なのだ。「教育とは何か」という問いは、もっと具体的なたくさんの種類の問いから成り立っているわけである。

しかし、適切な答えは簡単には見つからない。いろんなテーマが対立する説や対立する主張に満ちている。たくさんの種類の答え方が可能だからである。「これが正しい」と主張する教育学者の説が、別の教育学者に批判されることは、ごくあたりまえである。

だから、これらの問いを頭に置きながら考えていくと、現実の教育をどうとらえるかも複雑だし、あるべき教育の方向をめぐる思索も複雑にならざるをえない。以下、ここではこの定義を起点にした三つの観点から、教育の複雑さや微妙さについて論じていきたい。

†他者への行為としての不確実さ

第一に、「他者の学習を組織化しようとする」というのは、考えてみるとすごく傲慢なことである。他者にとっては、それを受け入れるかどうか、選択の余地がある。ドイツの社会学者、N・ルーマンに言わせると、子どもにとって、自分に押しつけられる教育は単なる外部環境の一つにすぎない。「他者の学習を組織化」しようとする教育は、相手に受け入れられるかどうか、また、もしも受け入れられたとしても教育者が思うように相手が考えたり行動してくれたりするかどうか、はなはだ心もとないのである。

このことを私は「教育の不確実性」と呼んでいる（広田前掲書、六三〜七二頁）。すなわち、

①教育を受ける側は、教育に対して、常にやり過ごしたり離脱したりする自由を持っている。
②教育を受ける側は、教育する側が意図したものと全く異なることを学んでしまう可能性がある。
③教育の働きかけは、相手（と相手の状態）によって、まったく異なる結果が生じてしまう。
④それゆえ、教育に失敗はつきものである。

教育する側が、個々の子どもに適した内容や方法で教育しようとすることはできる。その場合、多様な人間のあり方を想像できる深い人間理解や、個々の子どもに対する注意深い観察が必要になる。何かの宣伝で「やる気スイッチ」とかというフレーズを見かけるが、ロボットと違って人間には同じ場所にスイッチがあるわけではない。ある子どもに対して成功したことが、別の子どもでも成功する保証はないのである。だから、教育は「××をすれば、必ず生徒はついてきますよ」というふうな単純なものではないのである。それどころか、ある子どもではう

まくいった教育的な働きかけの仕方が、別の子どもではかえって有害な結果を生み出すこともある。

教員にとって、「一人一人の子どもを理解する」というのは必要だとされることが多いけれども、これもなかなか難しい。一クラス三〇数人もいる今の小学校ではそれが十分にできないことがあたりまえだ。ましてや教科担任制の中学・高校ではかなり困難である。授業中の態度や言動、休み時間の生徒の行動などを手掛かりに、「この子はこういう性格だ」とか「この子はいまこういう状況だ」というふうに教員は読み取ったりするのだが、それがまったく読みまちがいだった、ということも起きる。

結局のところ、教員は手持ちの知識や経験と、目の前の子どもに関する限られた情報とを総動員して、自分が最善だと思うものをやってみるしかない。ドイツの教育哲学者、W・ブレツィンカは、「教育的行為は未知の結果を伴う未知の事柄への介入に他ならない。このような状況は、一方で成果への希望を許容するが、他方で控えめにしかその希望は抱けないのである」と述べている（『教育目標・教育手段・教育成果』玉川大学出版部　二〇〇九年、三〇七頁）。教育する者は、効果的な因果関係に関する不完全な知識しか持っていないし、ある手段が生起させる望ましくない副作用についても、見通すことができない。にもかかわらず、そういう中である手段を選んで教育をしていくことになる。教える側が十分に考え抜いて教育をしたとしても、失敗することは起きる。教育とはそういうものなのだ。

教育学で学ぶたくさんの知識は、目の前の状況の中で何が最善なのかを教員が考えるための素材を提供してくれる。教育の歴史の中の多くの成功と失敗は、自分が明日やろうとしている授業の留意点を教えてくれるかもしれない。教育心理学や教育社会学の理論や概念は、目の前の子どもを深く理解するための手掛かりになるかもしれない。教育は常に失敗がつきまとうのだが、教育学の知識を参照することで、最善に向けた努力をよりましなものにすることはできる。

†たくさんの意図と向き合う

「教育とは、誰かが意図的に、他者の学習を組織化しようとすることである」という定義に戻ってみる。シロウト教育論が描く世界とは異なって、現実の教育が複雑で微妙な第二の点は、教育には通常、たくさんの意図が込められているということである。

教育では、一つの行為に複数の意図が込められることがよくある。たとえば、中学の社会科で「近世の日本」について子どもたちに学習させるとして、鎖国政策の学習を通して、「歴史に対する興味・関心を高め」ることを目指して授業をすることもできるし、「思考力、判断力、表現力等を養う」機会として授業をすることもできる。両方を目指すこともできる(カッコ内はいずれも学習指導要領にある）。あるいは、「高校入試に出そうなポイントを学ばせる」とか、「グループ作業でみんなが仲良くなる」とか、「つまらなくても辛抱して座っている忍耐力を養う」といった、教員のほうで勝手に設定した意図が、（それぞれが適切かどうかは別にして）授業に込められるかもしれない。教員は、たくさんの目標の達成を意図して一つの授業を行うことができるし、普通はそういうものである。

逆に、一つの意図の実現に向けて、たくさんの教育行為が体系性・継続性をもって組織されることもある。「思考力を養う」などは、いろんな学習内容を素材にして繰り返し出てくるはずで、教員はその都度、「今回は何をどう考えさせるか」を考えて授業を進めなければならない。また、何年間かの間により高次のレベルまで到達させることが意図されているような場合には、個々の授業の個々の場面での学習が、累積的に配置されて適切に遂行されることが必要になる。特に、数学や英語のような累積性が強い教科では、「できる子にはできればここまで、できない子でもここまでは理解させたい」というふうな、複雑な目標を立てて教員は授業を行うことになる。これは簡単ではない。

教育に込められた意図には、しばしば対立するようなものも含まれている。学校は本質的に、集団と個、平等と差異についての矛盾をはらんだ空間である。「集団の一員であることの楽しさを味わわせる」という教育の度が過ぎると、集団になじめない子が排除され、いじめの対象になってしまったりする。平等な扱いが過ぎると一人一人の違いが見失われ、差異を大事にしようとすると不平等や格差を正当化する教育になってしまう。

原理的には対立していないけれど、教育に費やせる時間が限られた中では対立してしまう意図、というものもある。「健やかな身体の子どもを作りたい」というのと、「深く考える子どもを作りたい」というのは、それ自体は対立しない。しかし、学校として行事を何にするかについて話し合うと、その二つが対立したりすることになる。国レベルでも、同じ意味で、どの教科に何時間割り当てる方針にするかでホットな対立がくり返されてきている。

教育行政も個々の学校も、また個々の教員も、どういう素材を通して何をどのように教育するのか、常に選択していくことになる。特に教員は、複数の意図をあらかじめ設定し、目の前の状況の中で何を優先するか、何に向けて働きかけるのかを瞬時に判断をして、みずからの行為を選択していくことになる。少なくともよい教員であればそうである。

だから、教員になる学生たちには、たくさんの教育目的論や内容論とその背景、たくさんの教育方法論の様々なスタイルを身につけて教員になってほしい。それは、様々な意図（＝教育目的・目標）の中で、何をどうチョイスしてどう授業場面に結びつけるかについての基礎となるからである。ここでもまた、「××をすれば、必ず生徒はついてきますよ」というふうな単純なものではないのである。

†教育法令・制度の複雑さ

現実の教育が複雑で微妙な第三の点は、様々な法令や制度の中で現実の教育が行われているという点である。誰が教育を担うのかというとき、個人としての教員が個人的な行為として教育をするのではない点に目を向けると、法令に根拠づけられて制度化された教育という点が重要になる。「教育をよくするにはどうしたらよいか」とか、「学校で何がどこまでできるのか」といった議論には、教育法令や制度に関する知識が必要である。

公立学校でも私立学校でも、教員は自分が思う教育を好き勝手にできるわけではない。教育基本法や学校教育法が重要なのは当然のことだが、様々な法令によって、個々の学校や教員にできることの範囲が定められている。教育内容については、学習指導要領が定められているし、教科書の使用義務が最高裁で判示されている（一九九〇年、伝習館高校事件最高裁判決）。公立学校の教員の身分については、地方公務員法や教育公務員特例法などの規定に従う必要がある。また、個々の学校や教員に何ができるのか／何をすべきでないのかは、国が定めたものとは別に、地方の教育委員会等が定めた条例や規則が拘束力を持っている。個々の教員はその範囲内で教育をやることになる。

戦後まもなくの時期のものを読むと、現場の教員には、はるかに大きな自由度があった。詳しくは述べないけれど、戦後日本の教育の歴史は学校現場に対する官僚制的統制が強まってきた歴史である。もっと末端に自由が必要だと思うのだが、行政の流れで法令遵守ばかりが強調される風潮になってきている。

私は、教員を目指す学生に「法令を読みこなせ」というようにしている。それが教員採用試験に出されるからではない。法令を読みこなせば、「何をしてはいけないのか」と同時に、「何がどこまでできるのか」が理解できるからである。「Xしてはいけない」という条文は、「YやZはしてもよい」と読むことができる。「Pしなければならない」という条文は、「これまでのようなP1をするのではなく、それに代えて新しくP2をしてみたらどうか」というふうに読むことができる。自由にできる範囲を読み取るのだ。

シロウト教育論も生徒としての狭い体験も、このやっかいな世界を無視している。シロウト教育論は、教育法令や制度についてよく知らないで主張されていることが多いから、「現実には無理ですよ」といわざるをえないことが多い。単に現行法令では無理だというだけでない。複雑な制度の実態を考えると、うまくいかないことが目に見えているというふうな案だったりする。つまり、法令改正をしてみても、制度として思ったようには作動しなかったり、深刻な副作用が生じたりするような案だということである。

生徒としての狭い体験だけで教育を考える学生もまた、自分が受けてきた教育体験の外側にある法令や制度についてよく知らない。だから、自分の恩師のスタイルをまねるやり方が行き詰まった時に、何がどうできるのかわからないままになってしまう。体験からしか学ばない人間は、狭い世界を超えられないのだ。

現代の学校は、複雑な法令と制度で作られた世界である。そこをよりよいものにするためには、その世界を構築しているルールや仕組みをきちんと学ぶべきなのだ。

†教育学を学ぶ意義

シロウト教育論や生徒としての狭い体験だけで教育を見ていたら、よりよい教育の方向は見えてこない。それらが描く世界よりも、現実の教育はもっと複雑で微妙なのだ。教育は他者を変えようとする行為であるがゆえに、不確実性がつきまとっている。また、教育の目的・目標に関する意図はたくさんあり、しかも、しばしば矛盾している。その中から何を選んでどうやるのか、たくさんの知識としっかりとした見識が必要だ。さらに、現代の学校は複雑な法令や制度で成り立っており、そのルールや仕組みをきちんと知らないと、何がどこまでできるのかの見通しがつかない。だからこそ、私が教える学生たちには、教育学をしっかり学んで、将来に活かしていってほしいと思っている。

同じ一棟の小屋を建てるにしても、日曜大工と一流の匠との間には明確な差がある。同じ野球をするにしても、草野球とプロ野球とでは明確な差がある。同じように、誰でも他人に何かを教える仕事はできるかもしれないが、それでは狭い。教育学をしっかりと学び、思考の材料にして考える教員は、常に新しく何かを考えながら教育をやっていくことができる。

「大学で学ぶ教育学は教員の仕事に役立たない」という批判がある。しかし、私に言わせるとそれは間違っている。そういうふうに言い放つ教員は、仕事に役立てるほど大学時代に深く広く勉強していなかったか、あるいは、せっかく学んだことを活かす方向に役立てていないかのどちらかである(広田前掲書、二〜四頁)。大学で教えられる教育学は、確かに現場との間に距離がある。でも、だからこそ「日常にない知」「日常を見つめなおす知」として重要だ。現場にない知が、新しい発想や反省的な思考の足場になるということである。

学生の皆さんは、「面白い」と思えるまで深く勉強してみてほしい。知識が深まると、それが面白くなるし、自分の思考に役立てることもできる。それは、おそらく歴史学でも物理学でも教育学でも同じである。教員採用試験のために教育学を勉強するという「疎外された学習」では、教員にはなれるかもしれないけれど、「よい教員」にはなれない。

——とまあ、授業ではこう話しておこう。学生にはこのように説明して、授業で学んでもらえるからいい。トンデモ教育論をぶち上げる政治家の先生方には、「教育学をもっと勉強してくださいよ」と言ってもムダだろうなぁ……。

第10講

体育におけるコーチングの可能性

青山清英

†スポーツにおける学び

小学校の体育館の横を通り過ぎようとしたとき、ふと体育館に目をやると小学生たちの元気な声とともに熱心に子どもたちを指導する先生の姿がとびこんできた。

先　生　：跳び箱を跳ぶときは肘を曲げちゃダメだよ。はーい、A君、もっと肘を伸ばして！

子どもA：肘、伸ばしてるよっ！

先　生　：それじゃダメだよ。もっと伸ばさなきゃ！

子どもA：えー、先生が言ってるように肘伸ばしてるっ！　こうでしょ？

先　生　：そうそう、それで跳び箱に手をつけばいいんだよっ！

子どもA：やってるよ。でも、跳べないじゃん!!

先生：あっ！　B君、できたね。それでいいよ。もう一度同じようにやってみて。

先生：あれー、Cさん、どうしたの。そんなとこに座ってないで、みんな跳び箱やってるよ。そんなところに座ってないで一緒にやろう!!

そこにはよく見かける体育の授業風景があった。

現代においてスポーツは様々な役割を担っているが、とりわけ、人間形成としての教育に役立てる領域やスポーツ競技力を競い合う領域では、あることを達成することを目的とした技術運動系が取り上げられ、そこではそのようにやろうとしてもすぐにはできない動きに出会い、この「できない」ことが「できる」ようになるという学習プロセスが学びの場になる。

我々は何かが「できない」とき、例えば連立方程式を解くことが「できない」とき、当たり前であるが連立方程式を解くための「知識」が必要になる。では、先ほど跳び箱をやっていた子どもたちには何が必要なのだろうか。肘を伸ばすことのできないA君に先生は一生懸命肘が伸びているということがどういうことなのかを伝えていた。A君は肘が伸びていることがどういうことかわかっていたか。先生のその言葉はA君には届いていないようである。

運動を知識として「知る」ということが身体で「できる」ということに直結しないということの問題に関して、フランスの哲学者メルロ＝ポンティは「精神盲」の症例を基に検討している。精神盲の患者の場合、生活に必要な習慣性のある「具体的運動」はできるのに、生活の実際的状況に向けられていない「抽象的運動」はできない。例えば、「鼻を摘む」というそれまでの人生のなかで繰り返し経験してきた運動はできるのに、「鼻を指さす」といった抽象的な概念で理解される運動はできない。もし、精神が大脳に関係し、かつ身体が物体であるとするなら、身体（＝物体）に故障のないこの患者は、「鼻を指さす」などの純粋な身体運動は簡単にできて、「鼻を摘む」などの生活上の様々な意味を帯びた行動こそ困難になってもよさそうなのに、じっさいには逆のことが起こっている（メルロ＝ポンティ『知覚の現象学』みすず書房一九六七年、七四年）。

このように見てみると、人間が実際に生きている世界で運動を実現するためには、物体としての客観的身体に係る「知的意味」だけではなく、主観的身体による「運動的意味」の重要性が理解できる。先ほどの体育授業で先生の意図している「運動的意味」はA君に届いていたのだろうか。また、その運動的意味はA君にとって正解だったのか。

†運動の学習を支える動感身体能力

体育の授業や競技スポーツのコーチングでは、指導者と学習者をつなぐ共通の関心は、「できない」運動が「できる」ようになることや、今「できる」運動がもっと上手に「できる」ようになることにある。我が国におけるスポーツ運動学の第一人者である金子明友は、運動の学習では、両者に共通の動感身体知が、つまり学習者の「創発身体知」（覚える身体知）、指導者の「促発身体知」（伝える身体知）が双方に共通する動感身体知として相互に内在していない限りその学習は成立しないという（金子『運動感覚の深層』明和出版　二〇一五年）。この動感身体知は、「運動的意味」として存在する。運動の学習では、運動的意味としてのコツ（自我中心化身体知）が重要である。このコツはその人の身体知に絡み合い、私の身体という本源的固有領域に属しているから、概念分析をしてもその姿を現すことはない。先ほどの体育授業のなかで先生はA君にコツとしての肘の伸ばし方を伝えることはできたのか。

このことは学校教育の場面だけの問題ではなく、競技スポーツの世界でも同様である。競技スポーツの世界においては、極めて優れたパフォーマンスを示す者のなかには、その野生の動感能力のままに試合に勝利してしまう者もいる。調教のような反復的訓練でその高度な競技力を発揮し、金メダルを獲得することも可能なのである。しかし、このようなトレーニングではコツの発生に関わる反省的実践は存在しないので、優れた競技力を他人に見せることはできても、コツの発生に関わる動感世界の営みは主題的に取り上げられないままになってしまう。このような選手の経験は、なぜそのような技を自分自身ができたのか理解することのないままの「動感スキップ現象」が支配的な世界となってしまう。したがって、このような選手が指導者になったときには、わざの伝承に必要な動感身体能力は空虚なままその枠組みだけが残り、学習者との動感伝承世界の形成を促す感知・共感能力の充実にはいたらないので、巷間言われるような「名選手かならずしも名コーチならず」というコーチになってしまう。さらに、動感運動の伝承世界では、コツに関わる動感身体能力のみならず運動実行に関わるCさんの気持ちを理解することも重要である。すなわち、「パトス」の重要性である。

†パトス的な運動

動物行動学者であり現象学者でもあるボイテンディクによれば、人間の運動発生は、自然科学的認識のように刺激と反応の因果関係に基づいて生じるのではなく、主体のパトス的決定を通して実現されるという。動物の行動は「しなければならない」と「しうる」という意味系のなかで主体による決定と承認を通して選択されるのに対して、人間の行動の場合には、この意味系に加えて「したい」「してもよい」「すべきである」といった価値系のなかでも行動の選択が行われるという（ボイテンディク『人間と動物』みすず書房　一九九五年）。

金子はこのような人間の運動のパトス的世界について次のように述べている。「そう動ける」ということは「動けるようになりたい」ということが前提になっており、そこには「そうできる」と「そうしたい」の関係系が成立している。さらに、「そうしたい場合にはできるのだ」ないし「そうすべきだ」が匿名的に含まれていて前提化されている。だから、子どもが「そうできるとは思えない」といえば、先生は「やる気がない」と早合点してしまうことが起きる。一方、「そう望むことができない」時には、「そうしてもよい」ないし「できることが許されている場合ならそう望んでもよい」というパトスが隠されている。だから、「そうしたいのはやまやまなのにどうしてもできない」ということがその背景に隠されていることに気付かなければならない。

はじめに示した体育授業では、先生はA君が「そのようにしたいのにできない」ことを知的には理解していたが、自身の動感身体能力で「そうしたい」から「そうできる」を橋渡しする適切な動感指導ができなかった。また、「そうできた」B君には本当にB君の動感世界を理解した上で評価していたのだろうか。結果としての成果だけを見ていなかったか。さらに、声をかけてもやろうとせず、体育館の片隅で体育座りをしているCさんのことをどのように理解していたか。「やる気がない」と早合点していなかったか。あるいは、「やれるのになぜやらない」と不信感を持たなかったか。「やりたいのにからだが動かない」から「そう望むことができない」Cさんのパトスを理解することができたのか。Cさんが「そうしてもよい」というパトスをもてる場の設定が授業のなかでできているのか。運動の学習では前述したような学習者と指導者のパトスの共感に基づいた関係の構築が必要であり、この関係の構築こそがスポーツ教育における人間形成の基盤である。

†指導者と学習者の「あいだ」

このように見てくると、運動の学習では学習者と指導者の関係系が極めて重要であることが分かる。この重要性は医療などの人と人との「あいだ」でいとなまれる臨床の場面でも同様である。参考に精神医学の臨床を見てみよう。

精神病理学者の木村敏《びん》によれば、精神医学の臨床では薬物やその他の身体療法をあくまでも副次的で暫定的な対症療法と位置づけて、自己存在そのものの病理を問題としなければならないという。このような立場にたって治療を行おうとすれば、客観主義的な自然科学的視点からは離れ、患者自身の主観的で私的な直接経験を重視することになるという（木村『関係としての自己』みすず書房　二〇〇五年）。しかし、このような治療は本当に可能なのであろうか。精神科医が患者の私的な世界に働きかけるこのような治療を可能にする両者の「場所」はあるのであろうか。

われわれは日常、会話を交わしている相手が誰であるかによって、そこで持ち出される話題の源泉である自己の主観的な世界それ自身が、相手次第で、あるいは相手との気分的な関係次第で大きく変化することを体験している。この変化はいうまでもなく相互的であるので、個々の主観と主観のあいだに間主観性が成立するのではなくて、間主観性の方が、個々の主観を成立させていることを示唆している。つまり、精神医学における治療行為は、自己の主観と呼んでいるものの根底に、患者と医師の個別化された者同士の「あいだ」以前の段階で、直接無媒介的に「通底」する「場所」（メタノエシス）があることを物語っている（木村、前掲書）。この木村の指摘は、運動の学習における学習者と指導者が向き合う「場所」を考える上で示唆に富んでいる。

現象学者の谷徹は、木村のメタノエシスをフッサールの超越論的主観性と関連づけて考察している（中村雄二郎・木村敏監修『講座　生命』河合文化教育研究所　二〇〇五年）。谷によればフッサールの超越論的主観性は身体と結びついており、この身体は物体としての身体ではなくて、生命を含意した身体、つまり「生命的身体」であり、この生命的身体を構成するのがキネステーゼ（運動感覚／動感）であるという。フッサールは晩年、志向的中心化としての自我がまだ活動していない次元を発掘し、それを「一般的意識」と表現している。この「一般的意識」の段階では自他が未分化で、まるで乳児が母親と一体となっているような状態にある。ここではキネステーゼ意識も作動しておらず、空間内に「ここ」として位置づけられた個別化された身体もまだ構成されていない。

しかし、このような癒合性から自我が成立すると、自我は中心化機能を発揮し、すべてを自我中心的にとりまとめていく。このときのキネステーゼ意識の発動は、身体の形成を推し進め世界の構成を自我の身体運動に従うものとさせていく。このようにして、我々は自我・身体を客観的空間の「ここ」に位置づけ、個体化していく。しかし、この個別化の成立以後、原初の癒合的世界は消失してしまうわけではない。それゆえに、「そこ」に現れる他者の身体は、個別化された他者にとっていまなお原初の共同性を感じさせる身体として存在する（谷徹『これが現象学だ』講談社現代新書 二〇〇二年）。

このような意味での「生命的身体」が運動の学習における学習者と指導者の出会いの「場所」である。そして、両者は「できるようになりたい」とか「もっと上手になりたい」というパトスによって揺り動かされ、共通の間身体的な動感世界で動感身体知を駆使して学びの世界を構築するのである。したがって、そこでは「共感」という人間にとって根源的な能力が問題とならざるを得ない。

†スポーツの新しい役割

文理学部は歴史的に高等師範科をひとつの源流としている。そのような経緯もあり、教員養成教育としてのインターンシップに力を入れている。このインターンシップでの教育目標は、単なる教科指導力の養成とは異なり「教育を成立させる力」の養成にある。この目標の実現のために文理学部では、聖パウロ学園高等学校エンカレッジコース（土屋弥生教頭）と連携し、インターンシップを実施している。

現在、学校現場ではＡＳＤ（自閉症スペクトラム）等の発達障がいの児童生徒たちへの対応が大きな課題となっている。文科省の調べによれば、通常学級に通う児童生徒の六・五パーセントにこのような課題があるという。聖パウロ学園高等学校エンカレッジコースにも発達に課題を抱え、学校生活や社会生活で様々な困難を経験している生徒が少なからず在籍している。同校では、このような特徴をもつ生徒たちに普通教育の枠組みで「工夫された教育」を行い、生徒の成長を促している。土屋弥生教頭は、同校の「工夫された教育」では体育や野外活動など身体を用いた教育の果たす役割が大きいと語っている。

土屋弥生教頭によれば、同校の生徒たちに一番必要なことは「自分の身体を確かなものとし、その身体によって他者と関わる」ことだという。周知の通り、ＡＳＤ者においては他者とのコミュニケーションが大きな課題となる。精神病理学者の内海健はＡＳＤの人々における世界経験の特徴を明らかにしているが、ここでは紙面の都合上、「自他未分化的経験」と「共感の構造」についてのみ見ていきたい（内海『自閉症スペクトラムの精神病理』医学書院　二〇一五年）。

内海によると、ＡＳＤの経験は「自他未分」であり、定型発達者においてはじまる生後九か月頃からの自己と他者、私と対象が分節される内的世界の決定的な構造変化（九か月革命）が定型発達者のそれとは異なっており、それゆえに個体化に課題が生じることになるという。人間の個体化は、生理的物理的個体化に留まらず社会的な個体化である。つまり、人間的な個体化では、環界との関係を裁断しなおし、生理的物理的個体化とは異なる次元で個体化することが求められる。このことは個体としての身体形成や他者との共感の形成に大きく影響する。

内海はＡＳＤ者の「共感の構造」について、ウタ・フリス（Frith, U.）の『自閉症の謎を解き明かす』（東京書籍　二〇〇五年）での議論を引用しながら、「共感」を「本能的共感」と「志向的共感」に区別し、前者を「こころ」を介さない無媒介的な共感、あるいは「共鳴」と呼んでいる。これに対して、後者は他者のこころに対する「共感」であり、視線触発を経由して対人関係の基軸になるという。

定型発達者においては、生後九か月頃からの自他の分離による個体化によって他者の志向性に対する応答を可能にさせる。そこでの共感では、人に対するとき「志向的共感」が前面に出るが、背後で「本能的共感」が鳴り響き自然なコミュニケーションが形成される。しかし、ＡＳＤ者においては、この個体化の困難から「志向的共感」が十分に働かない。また、「本能的共感」も彼らの抱える障害や困難によって、普段は覆い隠されてしまっている。このようなＡＳＤ者における共感というコミュニケーションの課題においても身体の意味がクローズアップされる。なぜなら、ＡＳＤ者の共感、コミュニケーションに関する課題へのアプローチには、ＡＳＤ者の経験を「自他未分的世界経験」から「この私の身体における経験」にする教育が必要だからである。したがって、身体形成という自我中心化作用の達成におけるコツ身体知の果たす役割は極めて重大であることは明らかである。前述した聖パウロ学園高等学校エンカレッジコースの教育における体育や野外活動の積極的活用はこのような観点から刮目に値する。ASD者の運動感覚世界の構造分析は端緒を開いたばかりであるが、彼らの動感身体能力には様々な特徴がある。ある運動場面では、その運動の実行に極めて困難を感じるASD者が存在する一方で、天才的なASDアスリートが存在する。感覚的なものは言語によってまとめあげられ、知覚的な安定性を獲得する。知覚は完了した形をもつので、自己というものと相性がよい。そして、その安定性によって操作しやすい。それに対して、感覚という世界では差異がつねにうごめいていて、差異が生じとどまることがない。したがって、運動の習得においては、「自己の意図的な訓練」が必要となる。

内海は、芸術やスポーツなど感覚的なものが主導的役割を担う世界におけるASD者の活躍の可能性を指摘しているが、ASD者における素晴らしいパフォーマンスがどのようにして形成されたかについては、そこに反省的実践という運動の学習における決定的契機が存在していたかという点についての吟味が必要である。このような事実は、運動の学習や競技トレーニングの捉えなおしを我々に促すであろう。体育やスポーツにおける教育はただできればよいのではない。また、トップアスリートの修練もただ結果がでればよいというものではない。このようなトップアスリートが指導者になった場合、その指導方法に大きな問題がでてきてしまうことは自明であろう。

これからの体育やスポーツ教育では、自然科学を基盤とした「知識の獲得」だけではなく、生命的身体を舞台として動感身体知を駆使した内在経験の徹底的な反省分析を通した学びによる人間形成が求められる。さらに、このような学びは社会の大きな課題となっているＡＳＤ者のコミュニケーション能力の獲得にも寄与できるであろう。最後に、このような教育は体育やスポーツ教育のみならず教育そのものを成立させている「大地」であることを付言しておきたい。

第11講

心理学で「子育て」を支援する

菊島勝也

†「子育て」という大仕事

「子育て」は、人類にとって昔から大仕事であった。大昔であれば、熊やライオンなどの動物、さらには冷えや飢えとも戦いながら子どもを守り育てなければならなかっただろう。一方、現代の日本の子育てはどのような状況の中で行われているのだろうか。

現代の日本では、少子化によるきょうだいの数の減少と、祖父母や親戚と共に大家族で生活する家庭の減少により、核家族化が進行している。そうなると、子どもの頃から幼い妹や弟、親戚や近所の子どもたちの世話をするような、家の中や近所の子ども集団の中で乳幼児と日常的にかかわる経験を持つ人は少なくなってきている。さらに、このような大家族制や地域の共同体の衰退と父親の仕事の長時間化・多忙化によって、子育ては主に母親が一人で担当することが多くなっている。すなわちこれは、母親が孤立した状態で子育てをしなければならなくなることを意味している。

特に幼稚園入園までの〇歳から三歳までは、保育園などに預けていない限り、母親は一日中子どもと一緒に過ごし、対応をしなければならない。これに関して、仕事をしている母親よりも、実は専業主婦のほうが育児不安や育児負担感が高いことが明らかとなっており、〇歳から三歳の子どもを育てる母親の負担は非常に大きなものになるだろう。そして、孤立化した状態での子育ては、単に子育ての負担が大きくなるということだけでなく、子どもの成長に関する知識や、子育てに関する様々なスキルが、親から子へと受け継がれにくくなってしまうことを意味する。そのことにより、知識も経験も乏しい親は子どものふるまいをどのように理解すればよいのか、どのように対応すればよいのかということがわからず、さらなるストレスを抱えることとなる。しかし、母親のストレス解消を助けてくれるような人間関係の資源も、まさに孤立化により乏しい状態にある。子育てにおいて、「自分ひとりが育児に拘束されている」というような、負担感と孤立感が大きなストレスになっているのである。

このように、子どもを育てるということにおいて、親は知識、スキルや経験に乏しく、一方でサポートをしてくれるような人間関係の資源にも乏しく、負担感や孤立感が大きくなってきているのが、現代日本の子育て環境であるといえる。このような子育て環境の悪化は、親のメンタルヘルスが悪化したり、児童虐待のような不適切な養育がなされてしまう危険性につながることが心配される。日本の児童相談所での児童虐待の相談対応件数をみると、二〇一五年度では、実に一〇万三二六〇件の相談対応がなされており、児童虐待を防ぐためにも、子育てを支援することは社会的な課題と言えるだろう。

†臨床心理学を活かした子育て支援

以上のように、現代の子育て環境の悪化の中で孤軍奮闘している親に対して、様々な子育て支援の対策が求められているが、その一つが、子育て支援グループ活動である。子育て支援グループとは、乳幼児とその養育者が集まって、支援者とともに遊ぶようなグループ活動であり、子どもの健康的な成長を促進するとともに、親の孤立化を防ぐことをねらいとした活動である。そこでは、参加する親子が肯定的に受容される雰囲気の中で、他の参加者やスタッフとコミュニケーションがなされる「居場所」となることが期待されている。特に先に述べたように、母親の負担が非常に大きくなると考えられる、出生から幼稚園入園までの〇歳から三歳までの子どもを育てる母親への支援が必要である。

これまで、子育て支援グループ活動は、地域の福祉機関や、保育園や幼稚園といった幼児教育の場、社会福祉法人、民間事業者、NPO法人、保育者養成大学等で実施されている。このような子育て支援グループ活動を実施する専門のスタッフとしては、保健師、幼稚園教諭や保育士などの専門家がその中心を担ってきており、保健領域や幼児教育領域の専門性が、子育て支援グループ活動に有効であることに疑いはない。その一方で、臨床心理学も貢献することができると考えられる。臨床心理学では、子どもの行動を見ることで、その子どもの発達の水準を確認することができるし、カウンセリングや遊戯療法の技法を応用して、育児に関するストレスを抱えた親との相談や、子どもへの支援に役立てることができる。さらに、現在大きな問題となってきている発達障害を持つ子どもに対しても臨床心理学的な支援が可能である。このようなかたちで、子育て支援をより充実させることができると考えられる。しかし、臨床心理学の専門性を中心にした子育て支援グループ活動は、他領域の専門家による活動に比べて、残念ながら非常に数少ない状況であり、活動の在り方についても、そのスタンダードはいまだ確立されていない状況である。

†「桜っ子カフェ」をはじめる

このような状況の中、筆者らは、地域の子育てを臨床心理学から支援することをねらいとして、日本大学文理学部心理臨床センターでの地域貢献企画として、子育て支援グループ活動「桜っ子カフェ」を計画し、二〇一二年度の後半から活動を開始した。本活動の特色として、運営スタッフが臨床心理学領域の専門家である臨床心理士と、臨床心理学を専攻する大学院生と心理学科の学部生から構成されている点にある。
桜っ子カフェでは、四つの基本コンセプトを定めた。
①子どもにとって安全な遊び場であること
これは本学の所在地が東京都世田谷区であり、この地域には、森や野原のような子どもが安心して身体を動かして遊べる場所は極端に少ないため、身体を動かして遊べる安全な遊び場を提供する。
②子どもの発達を促進するような臨床心理学を活かした遊びを実施すること
臨床心理学を専攻する大学院生が中心となって、子どもの発達等、心理学的な知識を活かしながら集団でできる遊びを企画し実施する。
③参加する保護者同士が交流できる場であること
先述したような乳幼児を育てる保護者が孤立状態に陥ることを防ぐために、子育てについてお互いに支え合えるような人間関係をつくることのできる場を提供する。
④参加する保護者が、必要に応じて臨床心理士に相談できる場であること
子育ての悩みや子どもの発達について、活動時間中に保護者が臨床心理士と気軽に話すことができ、アドバイスが得られる場を作る。

以上のようなコンセプトに基づいて、活動の場の設定と、活動内容の計画を行った。期間は

二〇一二年九月より開始された。二〇一六年度現在も継続中であり、基本的に月二回、午前一〇時から一二時までの二時間とし、二〇一六年度は前期一〇回、後期一〇回の年間全二〇回、開催した。

募集については、初年度では、世田谷区の各関係部署に活動内容の説明を行い、地域の子育て支援機関にチラシを掲示していただいた。その後は、心理臨床センターのホームページ上で募集を行っている。

対象は〇歳から三歳までの乳幼児と保護者で、参加者は一年間の固定とした。当初は五組程度を想定していたが、申込みが殺到したため、これまで毎年二〇組前後の参加者で推移している。参加費は教材費と保険料分。会場は、体育館のなかにある、通常はダンスの練習に使用される教室で、板張りの部屋である。会場の半分にはコルク製マットをしき、玩具で遊ぶスペースとした。玩具は木のおもちゃを中心に、子どもの発達を促進できるような、鉄道、ままごと、ぬいぐるみなどのおもちゃを設置した。さらに、保護者用にいくつかのテーブルと椅子、お茶のセットも設置し、保護者がお茶を飲みながら交流できるスペースとした。

運営スタッフは、二〇一六年度では、臨床心理士五名、臨床心理学専攻大学院生六名、心理学科学部生六名、ボランティア（卒業生）一名の計一八名があたった。

活動内容を一回の流れ（図1）で示しておこう。

①前日夕方にスタッフによる二時間程度の設置準備作業と企画のリハーサル。
②当日九時からスタッフ集合、設置準備作業の続きと、プログラムの確認打ち合わせ。
③参加者が来場する。自転車やベビーカーから子どもを降ろす補助を行う。

図1　活動内容の流れ

④始まりの挨拶と、お子さんのお名前呼び。前半は自由遊びを行う。
⑤後半は企画遊び1（学生スタッフが企画した遊び、企画1は全員で身体を動かしたりするような集団遊びと設定した）。
⑥次に企画遊び2（企画2は紙芝居や手遊び歌など企画1の興奮をクールダウンするような遊びと設定した）。
⑦全員で後片付け、解散。子どもを自転車やベビーカーに乗せることの補助。
⑧振り返りのスタッフミーティング。

†保護者の評価

それでは、参加した保護者が桜っ子カフェをどのように評価しているかについて、初年度に参加者である保護者に対して行ったアンケート調査の結果からみていきたい（図2）。これは、参加した保護者に自由記述してもらった、桜っ子カフェの感想をまとめたものである。

保護者が肯定的に評価してくれた運営側の要因として、まず「受容的で十分な人数のスタッフ、充実した施設」があり、そのことにより、「子どもが楽しく遊べること」ができる場であると評価された。そのような子どもの様子を保護者が継続的に見ることで、「自分の子どもの成長を確認」できることにつながる。また保護者が「子どもと離れて息抜き、休憩」できること、さらに「スタッフと保護者、保護者同士の交流」ができる場として認識されていた。そして、このような「交流」は、保護者に対して「日常生活からのリフレッシュ」と「孤立感を防ぐ」機能を持つと考えられる。さらに、本活動の特色である臨床心理士がスタッフとして常にいることで、専門家に「相談、アドバイスを受ける」ことができ、そのために保護者の「育児に関する不安を解消」することができることも評価されていた。以上をまとめると、本活動における「育児に関する不安の解消」と「自分の子どもの成長を確認」できるという評価は、「子育てに対する支援」の機能と言える。さらに、子どもと離れての「息抜き、休憩」「日常生

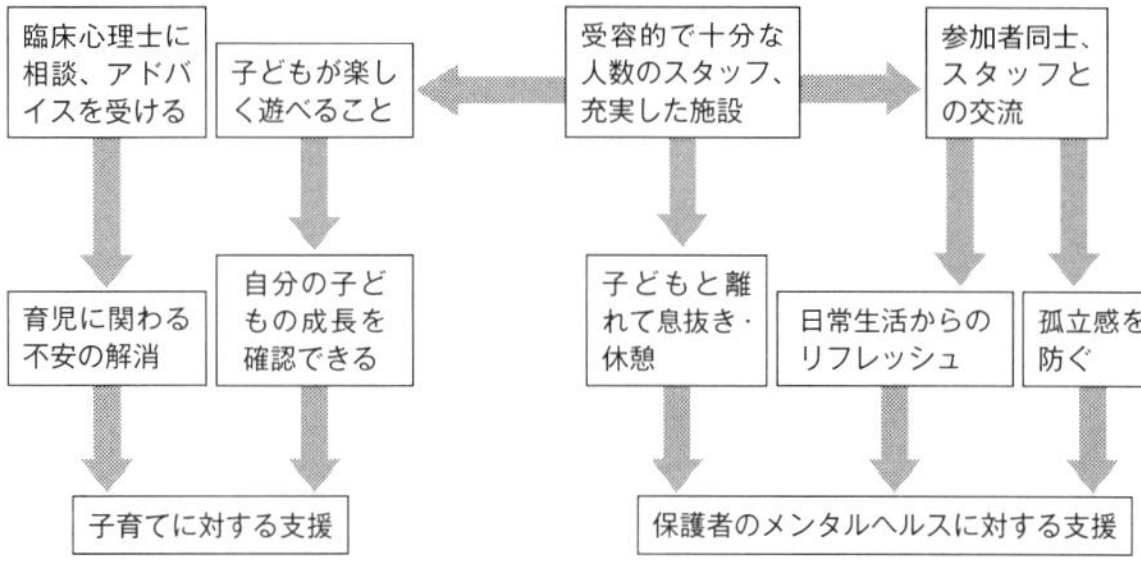

図２　参加者が評価した桜っ子カフェの効果

活からのリフレッシュ」及び「孤立感を防ぐ」という評価は、「保護者のメンタルヘルスに対する支援」の機能と考えられる。

桜っ子カフェの効果

桜っ子カフェに対する保護者の評価を本活動が設定した四つの基本コンセプトと照らし合わせるかたちで、桜っ子カフェの効果を明確にしたい。

基本コンセプトの一つめ「子どもにとって安全な遊び場であること」と、二つめ「子どもの発達を促進するような臨床心理学を活かした遊びを実施すること」は、保護者から見ても「子どもが楽しく遊べること」のできる場と認識してもらえ、大学院生らによる発達促進的なかかわりや遊びを継続的に実施する中で、保護者が「自分の子どもの成長を確認」することができることにつながった。これは、心理学的な視点から、子どもの触覚や運動感覚を刺激し、成長を促進するように、玩具をそろえたり、集団遊びを意識的に企画・実施したことが効果を及ぼしたと考えられる。

基本コンセプトの三つめは、「参加する保護者同士が交流できる場であること」であるが、アンケート結果からは、むしろスタッフと保護者との交流が評価されていたといえる。実際には、保護者同士で連絡先を交換したり、楽しく話す姿は毎回の活動中見られたが、それほど他の保護者と交流をしないでいる方も見かけられた。この点については、まず、スタッフと各保護者が信頼関係を作ることが必要であると考えている。臨床心理士と臨床心理学専攻大学院生及び心理学科学部生からなるスタッフが、子どもだけでなく親を育む視点をもち、保護者の気持ちに寄り添うカウンセリング・マインドをもって保護者ともかかわることを意識するようにしており、ある程度達成することができた。その上で、他の保護者と交流しようとしない、またはできない保護者をどのようにサポートするか、ということが今後の課題となると考えられる。

基本コンセプトの四つめは、「参加する保護者が、必要に応じて臨床心理士に相談できる場であること」。この点については、「子どもの問題について聞いてみたかったが、結局言い出せなかった」というようなアンケートの回答があったことから、臨床心理士からのサポートを求めてはいるが、積極的に話しかけられない保護者がいることがわかり、臨床心理士スタッフは受身的に保護者からのアプローチを待つだけでは不十分であることがわかった。

母親に相談のニーズがあったとしても、相談したい内容が深刻なものであるほど、保護者は話しにくいと感じるのは当然である。また、通常の心理カウンセリングとは異なり、複数のスタッフと参加者からなる集団という場も、保護者が自分から話しづらいと感じる可能性がある。そのため臨床心理士スタッフの方から、会話の中で子どもや育児のことに継続的に触れるよう、積極的にはたらきかけることが重要であるといえるだろう。さらに桜っ子カフェでは、保護者向けの子どもの発達心理学に関する講習会を何度か開催し好評であった。大学という場において臨床心理士が運営しているということから、親に対する子育てについての心理学的な学習の場として機能することも、本活動の特色だといえる。

以上のように、桜っ子カフェは臨床心理学を活かした子育て支援としての効果が認められたが、さらに、参加者に対しての効果だけでなく、学生に対する教育効果も付け加えたい。桜っ子カフェでスタッフとなる学生達は、臨床心理士から指導されながら多くの親子と一年間継続的にかかわることにより、乳幼児の発達や子育ての実際について体験的な学びが得られる場となっている。このように学生に対して教育効果が得られることも、大学という教育研究機関で実施している本活動の特色である。今後も、継続的な実践の中でこれらの効果が最大限に発揮できるように、学生と参加者と共に楽しみながら取り組んでいきたい。

第12講

砂糖の地理学

矢ケ﨑典隆

†地図とフィールドワーク

シュガーシティ、すなわち砂糖の町。アメリカ合衆国コロラド州の地図を見ていて気になったのが、この地名であった。この国の中央部に広がる大平原、グレートプレーンズに、どうして砂糖の町があるのだろうか。気になったら現地に行ってみよう。ある時、カンザス州で行った食肉産業のフィールドワークのついでに、シュガーシティに立ち寄ってみた。そこで目にしたのが、上の写真のような何もない風景であった。

私が専門とする地理学は野外科学である。現地に出かけて、フィールドワークを行うことにより、研究課題を発見し、一次資料を収集し、様々な現象を地域の枠組みに即して考察する。地理学は長い歴史を持つが、近代科学としての地理学は、現地での観察、計測、記録、そしてこうした資料の分析によって発展した。近代地理学の父として知られるドイツ人のアレクサンダー・フォン・フンボルトは、一七九九年から五年間にわたって新大陸の熱帯地域を探検旅行し、科学的知識の蓄積と新たな世界像の構築に大きく貢献した。それ以来、科学技術の進歩や情報化の進展、そして自然科学や社会科学の新たな展開に伴って地理学は大きく変化したが、フィールドワークは依然として重要である。私のように旅行好きな人間にとって、地理学は魅力的な学問である。

地理学には四つの重要な視点がある。すなわち、人間と環境、起源と伝播、地域と景観、時間と変化である。地理学は自然と人間との関係を研究する学問分野であると、昔から理解されてきた。つまり、自然を認識し、利用し、改変する人間の役割に着目する。また、連続した地表面では、人、物、情報、文化、技術などが移動して、地域間に交流が起きる。こうした事象の起源と伝播を考えることによって、地域をダイナミックに理解することができる。地理学が対象とするのは地域であり、そのしくみ、すなわち地域の構造と、目に見える景観を考察する。当然のことながら、設定する地域スケールによって、地域の見え方は異なる。さらに、地域は常に変化している。過去の地域を復元し、地域が経験した変化を把握することにより、地域変化のメカニズムを解釈する。

話をシュガーシティに戻そう。写真には門だけが映っているが、一九〇〇年から六〇年あまりにわたって、ここにはテンサイ（砂糖大根）を原料として砂糖を製造する大きな工場があった。この製糖工場を中心に、周辺にはテンサイ畑が広がり、シュガーシティは活気に満ちていたに違いない。つまり、砂糖に着目することにより、この地域の変化を読み解くことができる。また、砂糖は私たちの生活に不可欠な存在であり、世界的に流通する商品である。砂糖は世界を読み解くための一つの鍵でもある。以下では、私たちの生活に身近な砂糖に、地理学からアプローチしてみよう。

†自然と人間

最近はダイエットブームで甘さを控えるようになったが、もともと人間は甘さに対して強い欲求を持っている。砂糖はこの欲求を満たしてくれる最良の存在である。しかし、砂糖が人間にとって身近な存在になったのは、それほど昔のことではなかった。

砂糖のおもな原料は、サトウキビとテンサイである。この二つの植物を栽培し加工することによって、人間は砂糖を手に入れた。これは壮大な地理物語である。

サトウキビはニューギニア原産の作物だと考えられている。つまり、サトウキビは、高温で湿潤という熱帯の環境で、人間が野生の植物を栽培化することによって誕生した。野生のサトウキビにはいくつかの種類があったが、搾ると甘い汁が出るものが改良された。この甘い汁は、砂糖を作る以前から、甘さに対する欲求を満たしてくれたにちがいない。以前にブラジル北東部のサトウキビ地帯でフィールドワークをしていた際に、地元の子どもたちが、手にしたナイフで畑のサトウキビを切り取り、かじっている光景をよく目にした。子どもたちにとって、おやつは畑にたくさんあった。

サトウキビを原料として人間が砂糖を作るようになったのは、紀元前五〇〇〜三五〇年頃のインド北部であったと考えられている。少なくともその頃に、砂糖に関する記述がインドの文献に初めて登場する。

それでは、砂糖はどのようにして作られたのであろうか。それはいたって簡単である。サトウキビを絞った汁を鍋に入れて煮詰めると、水分が蒸発して、どろどろの飴色の液体になる。それを型に入れて冷ますと、黒砂糖の塊ができるわけである。ブラジル北東部では、木の枠に入れて固め、直方体の塊が作られた。地中海地域では、素焼きの壺に入れて冷ましたので、砂糖は壺型をしていた。ブラジルのリオデジャネイロの観光名所、ポンデアスーカル（砂糖パンの意味）のような形である。なお、精製して不純物を取り除くと、私たちが食べている白い砂糖になる。

さて、サトウキビが熱帯の作物であるのに対して、テンサイは温帯の作物である。砂糖を自給することができなかったヨーロッパの人々は、テンサイを原料にして砂糖を生産する技術を開発した。一九世紀に入って、ドイツを中心とした西ヨーロッパで、それまで家畜用の飼料として栽培されていたテンサイを改良して、砂糖の生産が始まった。サトウキビ糖と比べると、テンサイ糖の歴史は新しいわけである。一九世紀末までには、テンサイ糖産業が発展した結果、ヨーロッパは砂糖の輸出地域となった。

このように、サトウキビとテンサイは、それぞれ異なる環境のもとで、自然に対する人間の働きかけの結果、甘さに対する欲求を満たしてくれる存在となった。つまり、砂糖を考察する前提は、自然と人間という枠組みなのである。

†起源と伝播

インドで誕生したサトウキビ糖の生産技術は、その後、世界中に広まった。今日、世界最大のサトウキビと砂糖の生産国はブラジルであり、第二位はインドである。サトウキビと製糖技術がインドからブラジルへ伝播した経路を概観してみよう。

サトウキビと製糖業はインド北部から西へ伝播し、六〇〇年頃にはペルシアに到達した。さらに、六五〇年頃にはイラクへ、七〇〇年頃には地中海東部沿岸部やナイル川デルタに達した。ここで疑問に感じるのは、インド北部からペルシアまでの伝播に、あまりにも長い時間がかかっていることだろう。この謎は、植物としてのサトウキビの特性に注目すると理解できる。西へ移動する過程で、サトウキビには厳しい自然を克服する必要があった。すなわち、乾燥と低温の問題である。

高温多湿な熱帯で生まれたサトウキビを、乾燥した環境のもとで栽培するためには、灌漑《かんがい》が必要になった。新しい栽培方法が確立するまでに、多くの時間がかかったわけである。しかし、ひとたび灌漑によるサトウキビ栽培が実現すると、さらに西方への伝播はスムーズに進行した。サトウキビと製糖業は、地中海沿岸東部地域から、西へと拡大した。この西進に貢献したのはムスリムであった。イスラーム世界の拡大に伴って、サトウキビの生産地域が拡大した。アフリカ北部沿岸、地中海の島々、そしてイベリア半島南部には、サトウキビ栽培の痕跡が残っている。ただ、地中海地域においては、夏の乾燥と冬の低温のため、サトウキビの生育は良くなかった。この熱帯の作物にとって、地中海地域は栽培限界の地であった。

その後、サトウキビは大西洋の島々へ伝播した。マデイラ島やカナリア諸島である。これらの島々では、地中海地域に比べると緯度が低く、高温な気候はサトウキビ栽培に適していた。しかし、乾燥を克服するためには灌漑が必要であった。マデイラ島に行ってみると、大小の灌漑水路が島の全域に張り巡らされていることに驚かされる。ただし、今ではサトウキビはほとんど栽培されていない。

マデイラ島で砂糖ビジネスに携わっていたコロンブスは、アメリカへの二回目の航海に、サトウキビを持って行った。新大陸の熱帯は、サトウキビにとって故郷のニューギニアの自然に類似していた。地中海地域で親指くらいの太さのサトウキビは、大西洋の島々では指二本分の太さに成長したが、熱帯アメリカでは腕の太さくらいになったという。ポルトガル植民地のブラジル北東部は、一七世紀に世界最大の砂糖生産地域として繁栄した。

さて、今日の世界のテンサイ生産量をみると、フランス、ロシアに次いでドイツ、アメリカ合衆国の順である（二〇一四年）。テンサイは、西ヨーロッパから東のロシアへ、また大西洋を越えてアメリカ合衆国へ伝播した。ヨーロッパからの移民がテンサイと砂糖生産技術の伝播に貢献した。とくにアメリカ西部の半乾燥地域では、二〇世紀に入ると、鉄道建設や灌漑事業の進展を基盤として、テンサイ糖産業が繁栄した。

以上のような砂糖産業の伝播を考える際に、もう一つ重要な要素がある。それは労働力である。機械化が進む以前には、サトウキビの収穫に多量の労働力が必要であった。また、テンサイの栽培と収穫についても同様であった。どのようにして労働力が確保されたのであろうか。熱帯アメリカのサトウキビ地帯では、アフリカ人奴隷が用いられた。ハワイもサトウキビ生産地域として知られるが、一九世紀末に日本人移民がサトウキビ労働に従事した。アメリカ西部のテンサイ地域では、ロシア系ドイツ人、日本人、メキシコ人が重要な役割を演じた。つまり、砂糖の生産は国際的な労働力移動を引き起こしたわけである。

†地域と景観

砂糖生産地域には、独特な地域構造と景観が形成された。私が以前に調査したブラジル北東部沿岸のサトウキビ地帯では、一六世紀から一九世紀末まで、小規模製糖所を中心とするサトウキビ農園がいたるところに存在した。それは社会と経済の単位であった。農園主の大邸宅、労働者の住宅、教会、そして製糖所の周りには、サトウキビ畑が広がった。製糖所の一日の処理能力には限界があった。また、サトウキビは収穫後、すぐに処理しないと糖度が下がるので、遠方から運搬することは難しかった。その結果、どの農園もほぼ同じ規模であった。このようなサトウキビ地帯の空間組織を模式化したのが図1である。当時のサトウキビ農園はエンジェーニョと呼ばれ、地形図には集落名として記載されているので、当時のサトウキビ農園の分布をある程度は復元することができる。

一九世紀末から、ブラジルのサトウキビ地帯では砂糖産業の近代化が進んだ。すなわち、大規模な中央製糖工場が建設され、これを中心とした空間組織が形成された。高い処理能力を持つ大規模工場は、より広い範囲から大量のサトウキビを集荷して、砂糖を生産した。自社のサトウキビ畑に加えて、サトウキビ生産者から原料を購入した。小規模サトウキビ農園は自社の

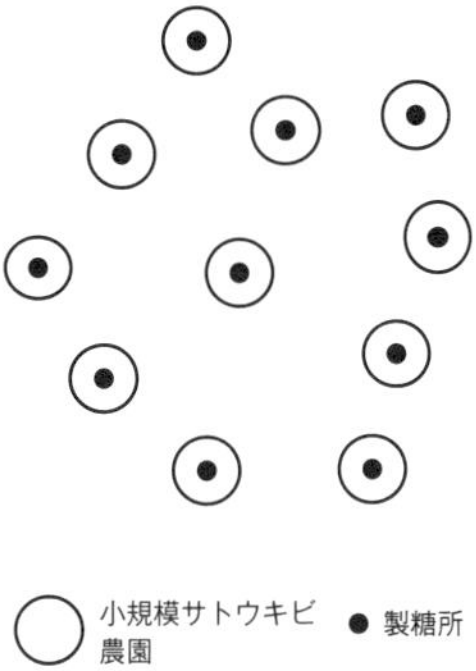

図1　16世紀から19世紀末まで

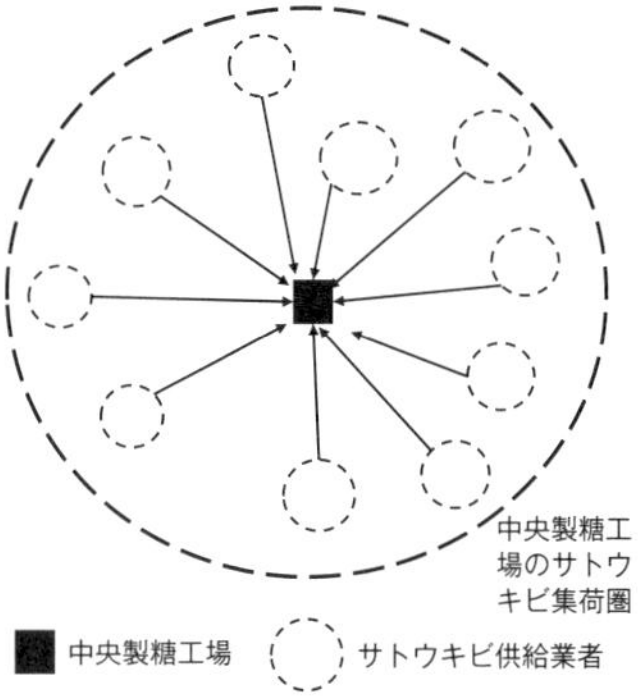

図2　19世紀末以降

製糖を止めて、中央製糖工場にサトウキビを供給する生産者となった。こうした空間構造を示したのが図2である。中央製糖工場はその地域の経済の中核となり、そびえる煙突はランドマークとなった。

アメリカ西部のテンサイ糖地域の場合は、二〇世紀初頭に大規模製糖工場が建設され、テンサイが処理された。そのため、ブラジル北東部の小規模サトウキビ農園のような空間組織が存在することはなかった。また、テンサイはサトウキビよりも保存が可能なため、原料集荷圏は広域に広がった。テンサイの運搬を担ったのは鉄道で、テンサイ糖地域には鉄道網が発達した。製糖工場の建設には資本が必要だったので、投資家による組織的な活動が不可欠であった。一方、地元農民がテンサイを供給したが、その基盤は灌漑事業であった。テンサイ糖地域の空間構造を描けば、さきほどの図とはかなり異なることになる。

†時間と変化

地域は常に変化する。砂糖生産地域も変化してきた。

ブラジル北東部の沿岸地域の場合、一九世紀末から著しい変化が生じた。図の1と2は、砂糖産業の近代化に伴って生じた空間組織の変化を物語る。ただし、よく指摘されるのは、この近代化は生産の大規模化であり、社会の変革を伴わなかった点である。小規模サトウキビ農園の時代には、農園主がピラミッド型の社会経済階層の頂点を構成した。中央製糖工場の時代になると、その経営者が頂点となり、農園主は第二の社会経済階層を構成した。砂糖生産地域では、近代化が社会構造を変革することはなかったわけである。ブラジルは貧富の格差が著しい社会であるが、その社会構造は植民地時代の砂糖経済の時代に形成され、その影響が存続した。とくにブラジル北東部には、古いブラジルが残っている。

一九七〇年代には、石油に代わる代替エネルギーを模索したブラジル政府は、アルコール計画を実施し、サトウキビ栽培とそれを原料とするバイオエタノールの生産を促進した。アルコール自動車の開発にも力を注いだ。一九八五年に筑波で開催された国際科学技術博覧会では、ブラジル展示館にアルコール自動車が誇らしげに展示されていたことが思い出される。しかし、石油の国際価格の低下、国内の石油生産の増大などにより、ブラジル政府は一九九〇年代に入ると砂糖とアルコールの専売制を廃止した。サトウキビ栽培地域は大きな打撃を受けた。しかし、再びバイオエタノールの需要が増大すると、大規模なサトウキビ栽培とバイオエタノール生産が復活し、アマゾン地域にまで拡大した。

アメリカ西部のテンサイ糖地域では、二〇世紀後半に入ると衰退が始まった。実は、テンサイ糖産業の存続には、政府の保護政策が大きな役割を果たした。政府が国内産業を保護していたわけである。しかし、一九七〇年代半ばに保護政策時代は終わり、競争力の弱いテンサイ糖産業は再編成を余儀なくされた。冒頭でみたシュガーシティの製糖工場は一九六〇年代に閉鎖され、建物や機材は別の場所に持ち去られて活用された。門だけが残ったわけである。

現在では、アメリカ西部のテンサイ糖産業は細々と継続している。一例をあげると、テンサイ生産者が協同組合を組織して、製糖工場を経営している。しかし、合理化の過程で多くの製糖工場が閉鎖された。製糖工場は、完全に取り壊されるか、そのまま放置され廃墟になっている。コロラド州北部のサウスプラット川流域には、上の写真のように、操業停止

から三〇年余りもそのまま放置された廃工場がいくつもある。高くそびえる煙突がその目印である。

地域は、そこに存在する内的要因と、地域外に存在する外的要因の影響を受けて変化する。砂糖生産地域の場合、国際市場や農業政策など、外的要因が重要である。それぞれの砂糖生産地域について、地域変化のメカニズムを考察し、それを比較することにより、砂糖に関する世界地理を描くことができる。

✝ローカリゼーションとグローバリゼーション

冒頭で、地理学は野外科学であり、フィールドワークが重要な研究手法であると述べた。フィールドワークによって、地域をローカルスケールで考察することができる。しかし、砂糖の事例が示すように、国家やグローバルなスケールでの考察も不可欠である。地理学の意義は、様々な地域スケールを設定して地域現象を考察することである。

そのために、地理学では地域スケールに応じて異なる研究手法を用いる。ローカルスケールでの研究には、大縮尺の地図、聞き取り調査、質問票、景観観察、土地利用、空中写真などを用いて資料を収集する。一方、より広域な地域や国家やグローバルなスケールでの研究には、小縮尺の地図、統計、文書、リモートセンシングなど、研究課題に応じて様々な手法を用いる。

つまり、地理学者が持ち歩く道具箱にはいろいろな道具が入っていて、状況に応じてそれらを柔軟に使いこなす。地理学を学ぶためには、自然地理学から人文地理学まで、日本地誌から世界地誌まで、多様な視点、調査法、分析法を習得することが必要になる。

人間は地域にこだわって生きている。同時に、人間は世界の大きな動きのなかで孤立して生きることはできない。つまり、二一世紀を生きるためには、ローカリゼーションとグローバリゼーションの視角が必要になる。私たちが暮らす現実の地域を、そしてグローバルな世界を、地理学で読み解いてみませんか。

Ⅲ　世界を動かす力
——理学の思考

プロローグ

学問の発生とはいつなのだろうか。古代ギリシャだというのは、かつての通説である。いまは古代のオリエント(中東)、インドや中国にも、自然界の現象や、わたしたち人間についての知を積み上げようとした原学問があったと言われている。その学問発生期には、哲学と数学と自然科学はきわめて近しい関係にあったという。

現在の自然科学の基礎が生み出されるのは、一七世紀のヨーロッパにおいてである。自然現象を観察し、考察するだけでなく、自然界と同じ現象を再現し、条件を変えながら試してみようとする実験科学の発想と方法が生み出されたのである。何度もトライ&エラーをくり返すことで、客観的な法則を探ることができるようになった。自然科学の爆発的な成長はこれによって実現されたが、しかし、この方法ですべてが明らかになったわけではない。実験科学が対象とするのは、実験できるもの、経験的に学ぶことのできるものに限られる。数や言語のような記号の体系は、経験とは異なる抽象的な形式にあたる。人間が人間たりうる根源のところに、数や言語の使用がある。実験科学と形式科学の異なる分野の双方を通して、人間は螺旋《らせん》的に学問を発展させてきた。理学はその総称である。その意味では、わたしたちは古代の学問から遠く離れている一方、まだ連続しているのである。以後、枝分かれしてきた学問分野の先端に様々な理学系の学問があり、さらに中学や高校の教科がある。「理科（地学、物理、生物、化学）」「数学」「情報（の科学的側面）」といった教科はこうした理学に対応している。

わたしたちを取り巻く自然は、例えば、宇宙、地球、生命現象、物質、素粒子と多岐にわたる。自然科学は、これらの対象が持つ性質や現象を説明する法則を実験や観測を通して見出す。そして、その法則の妥当性を、実験や観測を通して実証する。また、宇宙や地球や生命の起源を探求したり、新しい物質を創生したりもする。

数学は、数や式や図形、また、それらを抽象化した概念を対象としている。身の回りの事象と関連はあっても、身の回りの事象そのものを対象とするわけではない。それゆえ、我々が生きているこの世界にとらわれる必要がないとも言える。新しい概念を作り出すことも数学の醍醐味の一つである。情報科学の対象は、情報や計算である。情報科学は、情報理論や理論計算機科学といった理論的な基礎を与える分野と、実際に情報技術を創案し実現する分野の両方を含んでいる。

数学や情報科学の理論的な基礎を与える分野では、自然科学と異なり、形式的に（論理的に）証明をすることで主張の正しさを示す。この点で自然科学と大きく異なるが、一方、数学と自然科学は互いに影響を与えながら発展をしてきた。数学の発展により自然科学に新しいツールが提供され、自然科学の発展により数学に刺激が与えられる。

数学は自然科学だけでなく、工学、社会科学、人文学においても一部では、対象をモデル化し記述するための言語として利用されている。また、自然科学の成果がモデル化の際に参考にされることもある。数学を使って記述できるならば、コンピュータを使って方程式を解いたりシミュレーションを行ったりすることもできる。そこで情報科学の出番がやってくる。このように、数学も情報科学も、それぞれ独立した学問領域であると同時に、他の学問領域にツールを提供する。また、数学と情報科学の間にも、多くの相互作用が見られる。インターネットで使われている暗号化通信や検索エンジンの原理には数学が重要な役割を果たしている。

自然科学・数学・情報科学の目的は、それぞれの対象を正しく理解することにあるが、その成果は様々な分野に応用されている。コンピュータを用いたシミュレーションを通して、経験世界をはるかに超えた地球規模の地殻変動や世界的な気象の動きが目に見えるものとなった。地球や宇宙といったマクロのスケールから、さらにはミクロな微生物、細胞のなかの分子や原子、遺伝子の解析も進んだ。この世界を動かす無数の力を探究し、自然界にあるものとそっくりの化学物質を作り出したり、また逆に自然界にはなかったまったく新たな物質を生み出すこともできるようになったのである。気象から医療まで、理学の成果が日々更新される科学技術を支え、私たちの生活を豊かにしているのである。

二〇一一年、デューク大学でデジタル時代の教育について研究しているキャシー・デビッドソン氏の「今年度にアメリカの小学校に入学する子どもの六五パーセントは、現在は存在しない職業に就くだろう」という発言が話題になった。技術革新で社会が一変するという予測の一つである。その後の五年間だけを見ても、移動体通信回線の高速化、スマートフォンなどの端末の高性能化、アプリケーションやサービスの進歩で、どこでも快適にインターネットに接続して便利なサービスを利用できるようになるなど、わたしたちの生活は大きく変化している。ハードウェア・ソフトウェア・ネットワークといった情報通信技術の発展はますます加速している。このような時代を生きていくには、今存在している技術を使えるだけでは十分でなく、将来現れる技術に対応できることが必要であろう。だが、どのような変化が起きるのかを予測するのは難しい。だからこそ、技術の基礎を与える自然科学と多くの分野でツールとして使われる数学と情報科学の役割は、ますます大きくなるものと思われる。

なかでも二〇一六年は、人工知能に関する話題がしばしばメディアなどで取り上げられた年でもあった。囲碁や将棋では、人工知能がトッププロに勝利するまでになった。国立情報学研究所が中心となって二〇一一年より開始したプロジェクトでは、受験勉強を重ねた人工知能が高校生の上位八〇パーセントの学力を持つまでになったという。自動車やドローンの自動運転も話題になり、すでに産業化が進んでいる。このように、ある目的に特化した人工知能はある程度まで成功を収めている。では、汎用人工知能がいつ実現されるのであろうか。専門家による予測時期は分かれているが、予測の中央値が二〇四五年という調査もある。約三〇年後である。

囲碁でトッププロに勝利したAlphaGoで注目すべきなのは、トレーニングのための自己対戦で大量の棋譜を生成し、それを学習データにしたという点である。自己対戦を活用するのを決めたのは開発者（人間）であるが、プログラムが自分で学習を進めて強くなったわけである。汎用人工知能が実現すると、そのような方略も人工知能が自分で見つけられることになる。人工知能が、人間に与えられた目的に限らず、自ら目的を定め、方略を策定し、進化していくようになるかもしれない。

「技術的特異点（Technological Singularity）」とは、汎用人工知能の技術が成熟し、機械の知能が人間の知能を超える時期のことである。それは果たして三〇年後にほんとうに訪れるのであろうか。また、そのような時期が訪れたとき、我々はどのように生きていけばよいのか。確実なことは、そのときわたしたちの知的活動は、明らかに大きな変化のときを迎えるということである。これは、理学だけでは答えを出せないのかも知れない。人文学、社会科学とともに、もう一度、人間の「知」を問い直し、人間とは何かを考えることになるだろう。三〇年後はまだずっと先のことである。そう言って安心しているうちに、時計の針はいつの間にか進んでいってしまう。「文」と「理」を交差させるべきときは、すでに来ているのである。

（谷　聖一）

第13講

生きた地球を探る――火山地質学の魅力

安井真也

†有数の変動帯にある日本

二〇一一（平成二三）年の東日本大震災（東北地方太平洋沖地震）と、二〇一六（平成二八）年の熊本地震は、ともに最大震度七の大地震であり、大地のみならず国内外の人々も震撼させた。

時間を遡ると、古い歴史にも多くの災害記録がある。例えば豊臣秀吉は、一五九六年の慶長伏見地震の際に、築城直後の伏見城で被災した。一一八五年は源平の壇ノ浦の戦いで知られるが、同年の夏に京都で大地震を体験した鴨長明は、地震とその深刻な災害の状況を『方丈記』に克明に記した。その七〇年ほど前には信州の浅間火山で大規模な噴火があり、京都の公家の藤原宗忠の日記『中右記』に上野国での被災状況が記されている。また九世紀の頃は、富士火山の貞観噴火（青木ヶ原溶岩を流出）や東北での貞観地震など大地動乱の時代であった。

二〇一一年の東日本大震災は貞観地震の再来とも言われ、千年に一度の低頻度の大地震も実際に起こりうることとして広く認識された。人間の一生の時間スケールからみれば「想定外」であっても、四六億年におよぶ地球の歴史のスケールでみると、地震や火山の活動は常に繰り返される自然の出来事である。地球の表層部は十数枚のプレートから成るが、四枚ものプレートがひしめきあう日本列島周辺は、地震や火山の活動が特に活発な変動帯となっている。地球上でも有数の変動帯に住む私たちが、生きている地球を実感する現象の一つとして、本講では火山噴火についてみていきたい。

†火山噴火のスケール

一九一四（大正三）年の桜島の噴火では、溶岩が大量に噴出して桜島が大隅半島と陸続きになった。その後一〇〇年以上にわたって、日本では桜島の大正クラスの噴火が起きていない。戦後最悪の火山災害をもたらした二〇一四（平成二六）年の御嶽山噴火は社会的インパクトも大きかったが、噴火自体は規模の大きなものではなかった。

ここでは噴火のスケールを知るために、噴火の規模や継続期間、発生頻度について確認してみたい。まず噴火の規模は、地表へ噴出するマグマの量で考えることが多い。マグマの噴出量は、東京ドーム一杯分（約一二四万立方メートル）に満たない場合から、その一〇万倍を超えるような想像を絶するもの（破局噴火と呼ばれる）まで幅が広い。継続期間も、瞬間的な爆発から数十年以上継続する活動まで幅が広い。また噴火の間隔も、およそ二〇分おきに起こるような間欠的なものから、数千年以上にわたる休止期を挟むものまでいろいろである。

規模の小さい噴火ほど頻繁に起こる傾向がある。例えば桜島火山は二〇〇八年以降、爆発や火山灰の連続的な放出を繰り返しているが、個々に地層として痕跡を残すほどの規模ではない。一方、最近注目され始めた「破局噴火」と呼ばれる大規模な噴火は、それこそ壊滅的なものである。例えば、一八一五年のタンボラ火山（インドネシア）の噴火では、大気中にもたらされた微粒子が太陽光を遮って寒冷化が起きた。この時はヨーロッパも含め世界規模で環境が悪化して飢饉や疫病が流行し、一説には九万人以上の死者がでたとされる。

国内の例では、九万年ほど前の阿蘇カルデラの噴火で、九州の広大な面積が火砕流（マグマの破片や火山ガスが混じった高温・高速の流れ）の堆積物に厚く覆われ、また北海道東部まで及ぶ広範囲に火山灰が積もった。幸いなことに、破局噴火はきわめて稀《まれ》にしか起こらない。しかし、こうした低頻度災害をどうとらえるかが二〇一一年の東日本大震災以降の関心事の一つとなったのは確かだろう。

日本は狭い国土に地球上の活火山の七パーセントもの火山を有する国である。確かに私たちは火山大国の住人なのである。

†フィールド科学

「活火山」は、気象庁により**「概ね過去一万年以内に噴火した火山及び現在活発な噴気活動のある火山」**と定義され、一一〇を数える（二〇一六年九月現在）。大学や諸機関により火山性地震や地殻変動などの観測データが蓄積されつつある火山では個々の活動の理解がすすみ、噴火予知へ向けた技術開発が進行中の火山もある。防災・減災の上では、噴火の推移予測（活動が始まった後、時間とともにどのように推移するか）も重要視され、複数の火山について噴火シナリオの作成が始められている。

しかしながら火山大国といえども、霧島新燃岳の二〇一一年噴火のように目撃され、様々な観測データが得られた事例は多くはない。このため残念ながら将来の噴火推移予測のための材料は乏しい。手がかりの一つとしては、過去の噴火事例をよく知ることが挙げられ、このためには有史時代の記録のみならず、地層に記録された情報も研究対象となる。

過去に起きた噴火の推移はどのように復元したらよいのだろうか。まずは噴火口の周辺から遠方までくまなく踏査する地質調査が基本となる。露頭と呼ばれる地層が見える崖で、構成物を丹念に観察し記載する。地形も多くの情報を持つため、微妙な起伏にも注意して歩く。また航空機などによる画像を用いた地形判読作業を行う。こうした作業を通じて、溶岩や火山灰層などの堆積物の分布や層序（地層の積み重なり）をおさえる。堆積物の構成物の特徴を知るために、室内に持ち帰った試料の顕微鏡観察や化学分析、粒度分析などを行う。年代測定に加え、古記録がある場合は、それらも活用して層序に時間軸を与える。堆積物の分布面積や厚さを調べて噴出量を見積り、噴火の規模の評価も行う。

実際のフィールドワークでは、熊鈴を鳴らして山中を歩き、泥まみれになって穴掘りもする。ガスマスクを携行して噴火口まで登ることもある。採取した試料は長距離運転で運搬し、白衣を着て実験室にこもり、各種の分析を行う。このような地道な作業を通じて得られたデータは、状況証拠ではあるものの、総合的に検討することで、過去の噴火の実態が少しずつ見えてくるのである。

実際の噴火推移の復元例として、浅間火山の一七八三（天明三）年噴火についてみてみよう。江戸時代であるため、現代のような観測データや映像記録こそないが、地質学的データと古記録の情報を合わせることで、噴火推移が復元できる。約三か月の間、上空高くまで噴煙を上げる噴火（ブルカノ式やサブプリニー式の噴火様式に分類される）がたびたびあった。実際に、山麓では軽石や火山灰の地層が見つかる。噴煙は偏西風で東南東方向へ流されることが多かった。

膨大な降灰の記録からは噴火の時期や頻度も読み取れる。噴火の頻度と強度は時間とともに増大し、最後の四日間が特に激しい噴火となった。

現在、年間八四〇万人もの観光客が集う高原の避暑地軽井沢は、当時中山道の宿場町であった。激しい軽石降下で軽井沢宿の人々がパニックになった様子や、碓氷《うすい》の関所で大名行列が足止めとなったことが古記録から読み取れる。新暦の八月四日夜からの一五時間ほどがクライマックスとなり、激しい軽石降下とともに、山麓には火砕流や溶岩流が流下し、山頂の噴火口の周りには火砕丘（マグマのしぶきが降り積もってできる円錐状の地形）が形成された。そして運命の八月五日の朝を迎える。いまだ原因不明の大爆発が起き、引き続いて火山性の泥流が利根川から江戸まで達して一五〇〇名もの死者を出す惨事となったのである。天明噴火によるマグマの総噴出量は約五億立方メートルで、その約六割は観光地でも有名な鬼押出溶岩が占めている。

†噴火様式を探るための着眼点

様々なスケールで自然を観察するのは興味深い作業である。露頭や薄片（岩石を三〇分の一ミリメートル以下の厚さにしたプレパラート）を数多く観察する過程では、何らかの発見をする時もある。噴火口からあふれ出す「通常の溶岩」に含まれる結晶は、結晶本来の形に近い直線的な輪郭を持つ場合が多い。

ところが著者は、浅間天明噴火の鬼押出溶岩を顕微鏡で観察していた時に、結晶本来の形ではなく、割れたガラスのかけらのような破片状の結晶が多いことに気付いた（図1）。試しに二五枚の薄片について破片状の結晶の量を測定してみると、いずれも八割以上に及ぶことがわかった。なお、個々の測定は、一枚の薄片に含まれる五〇〇ミクロン以上のすべての斜長石（火山岩に普通に含まれる鉱物）について行った。噴煙からの軽石降下によって形成された地層を調べると、軽石の粒子の他に結晶の破片も多く含まれている。軽石は、著しく泡立ったマグマが破砕し急冷したものである。

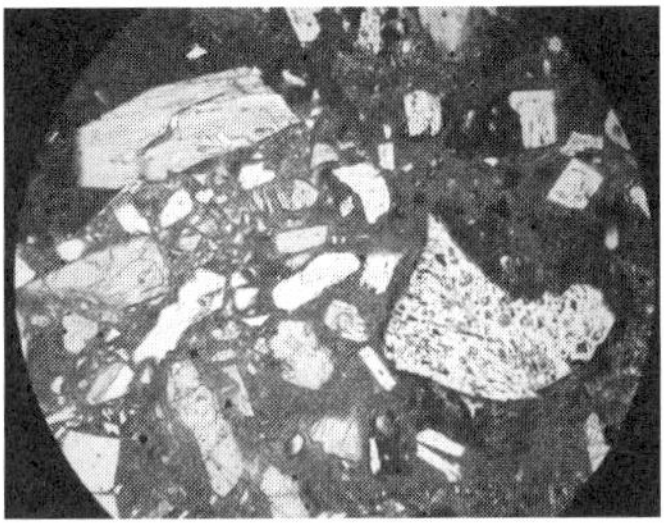

図１　鬼押出溶岩の偏光顕微鏡写真（視野幅2.2 mm）大半を占める白い鉱物は斜長石

結晶の破片も含まれるという観察事実は、マグマの破砕する際には、固体である結晶も破砕することを示している。

以上のことを考え合わせると、マグマが粉々に破砕した破片がいったん噴火口の周りに堆積して、二次的に流れ出したのが鬼押出溶岩であるというイメージをもつことができる。こうした溶岩のことを専門用語では、通常の溶岩と区別して「火砕成溶岩」と呼ぶ。噴火当時に描かれた絵図も参考にすると、図2のような天明のクライマックス噴火のイメージが描ける。高くまで上昇する噴煙からは風下の広範囲に軽石が降り、同時に噴火口上には火柱が上がっている。この火柱はハワイ島のキラウエア火山やイタリアのエトナ火山で時々起こる赤熱の溶岩噴泉に似ている。噴火口の周りに降り注いだマグマのしぶきは、集積してアグルチネートと呼ばれる岩石になる。実際に噴火口の周囲には天明噴火で生じたアグルチネートが火砕丘を構成している。しかし量的に多いのは鬼押出溶岩であるため、火口近傍に降下したマグマのしぶきの大部分は火砕成溶岩となって流下したと考えられる。これは天明噴火の際に、既存の山体の北側にせりだすように火砕丘が形成されたためらしい。図2は、マグマのしぶきに満たされた一種の溶岩湖から北側斜面に向けて火砕成溶岩が勢いよく流れ出す様子を描いている。これは一つの噴火事例についての噴火様式のモデルの提案である。

日本には安山岩質マグマを噴出する火山が多い。しかし噴火の頻度は高くないため、日本の安山岩質火山の噴火様式は十分にはわかっていない。先に述べた浅間火山の鬼押出溶岩の場合は、破片状の結晶を多く含むことから、噴火口から穏やかに溢れ出した通常の溶岩ではないものと考えた。つまり破片状の結晶は、その溶岩がマグマの破砕を伴う激しい噴火によるものか、おとなしい噴火によるものかを区別する指標になりうる。この視点で、全国の安山岩質火山の溶岩（一九火山、六九例）に含まれる破片状結晶の量の割合を測定・比較したのが図3である。この結果によると、多くの場合は破片状結晶が三〇パーセント以下で、次に三〇〜五〇パーセントが多い。

一方、数は多くないものの、八〇パーセントを越えるようなものも桜島、霧島、乗鞍などの火山に見られ、これらは火砕成溶岩である可能性が高い。桜島では大正噴火（一九一四年）や安永噴火（一七七九年）の活動初期に、それぞれ上空高く上がった噴煙から軽石が降下する噴火があった。同じ時期に流出した溶岩を調べると破片状結晶量が高いため、浅間火山の鬼押出溶岩をもたらした噴火（図2）と様式が似ているとみられる。固体である結晶がマグマ内でどのように破砕するかについてはまだ十分には理解されていない。しかし、顕微鏡スケールでの結晶の破片の存在とその量比に注目することで、噴火の様式を知る手がかりが得られる可能性

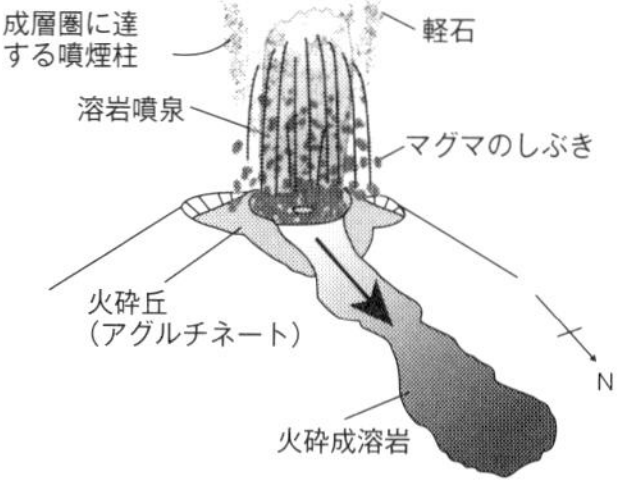

図2　浅間火山天明三年のクライマックス噴火のイメージ

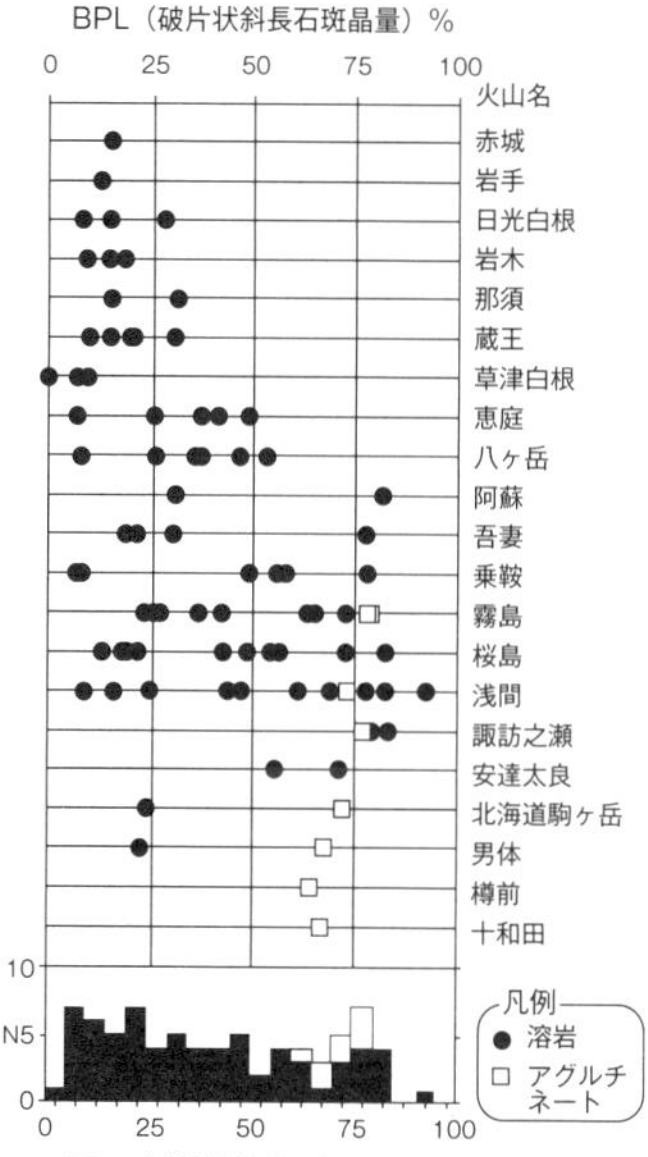

図3　全国の安山岩質溶岩とアグルチネートの破片状斜長石の量
（安井、2006、月刊地球）

が出てきたのである。

†火山の恵み

以上のようにみてくると、火山は災害をもたらすやっかいな存在、という印象をもたれるかもしれない。しかしながら地震や噴火などの災害をもたらす事象は四六時中起きるものではなく、私たちの生涯の大部分の時間は、無意識のうちに自然から多くの恩恵を受けている。

温泉は火山の恵みとしてわかりやすいが、それだけではない。火山の恵みにあふれた「火山のワンダーランド」のような地域を一つ紹介しよう。鹿児島県の薩摩半島の指宿《いぶすき》地方（図4）を訪れれば、富士山のような形の開聞岳をバックに肥沃な火山灰土の畑地の光景が広がる（図5）。まずこのような美しい景観そのものが火山の恵みである。畑の断面の地層からは、開聞岳の噴火のたびに火山灰が降下したことがわかる。栄養分が多く、水はけのよい火山灰地では野菜などがよく育つ。池田湖や鰻池、山川港では噴火口の地形を目の当たりにするが、鰻池の鰻温泉付近では「スメ」と呼ばれる蒸しかまどが見られ、家庭での調理に地熱が利用されている。鰻池の南方には地熱発電所がある。約二千メートル地下の地熱貯留層から取り出した蒸気の力で発電をし、指宿の世帯の半数の電力をまかなっているという。

指宿の湯の浜海岸では、地下を伏流してきた八〇度もの温泉が湧いている。砂蒸し温泉で熱い砂の中に身を横たえると、地熱をじっくりと体感できる。あまり知られていないが、日本の国立公園の多くが風光明媚な火山地帯にある。また火山に降った雨は浸み込みやすいため、火山体は「天然のダム」となり、山麓に湧水が多い。富士山の場合では、忍野《おしの》や柿田川の湧水が知られている。このように私たちは多くの場面で火山からの恩恵を受けているのである。

探求は続く

火山にはまだまだ未知の部分が多い。自然科学にも大いに興味のあった文豪ゲーテは二〇代の頃に地質学を学び、岩石鉱物のコレクションは生涯で二万点近くに及んだという。ゲーテの『イタリア紀行』によると、彼は無謀にも噴火中のベスビオ火山に近づいて溶岩の流れる様子などの観察を試み、エトナ火山などでも熱心に地質調査を行った。多才なゲーテの好奇心は文や理の区別もなく、その行動は、強烈な

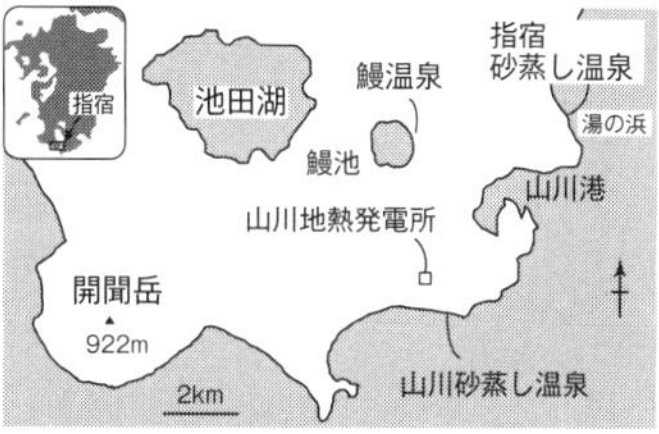

図4　指宿地方の地図

図5　指宿の開聞岳と地熱発電所（中央手前）

知的欲求を原動力としていたようである。

本講で紹介した火山地質学のように状況証拠を積み重ねていくフィールド科学は、物理学や化学とはアプローチの仕方が異なるかもしれない。けれども自然現象の謎解きという点では共通する。火山学の場合では、先に紹介した、「液体のマグマ内で固体の結晶がどのように破砕するか？」といったテーマは人間社会とは無関係である。しかし個々の現象の基礎的な理解は、長い目でみれば、将来的な防災や減災にもつながりうる。若い読者の中から、例えば「火山がどのような時に噴火するか？」といった根本的な謎解きに挑戦しようという科学者が現れることを期待したい。

◇ブックガイド

藤井敏嗣『正しく恐れよ！　富士山大噴火』（徳間書店　二〇一五年）

高橋正樹『日本の火山図鑑』（誠文堂新光社　二〇一五年）

北原糸子『日本震災史――復旧から復興への歩み』（ちくま新書　二〇一六年）

数学は宇宙の謎を解くか

市原一裕

†地球の形と幾何学

我々が住んでいるこの地球が（平らな面ではなく）「まるい」ということは、今、この時代に生きている人間であれば、おおよそ知っている事実だと思う。実際これは、二〇〇〇年以上昔の古代ギリシャ時代には知られていたという。しかし、本当にちゃんと「まるい」だろうか？数学的に「まるい」ものと言えば、すぐに思いつくのが「円」もしくは「球」だろう。どちらも中心と呼ばれる点からの距離が一定の点からなる図形として定義される。この厳密な意味で言えば、当然、地球は「まるい」とは言えない。地球には当然、海も山もある。しかしながら「直感的」には、皆、当然のように地球は「まるい」という。これはどのように捉えればよいのだろう。

例えば、少々のデコボコは無視できるともいえるだろう。地球の大きさから見れば、それは無視できるほどのものだ、と。また、完全な球ではなくとも「まるい」ものはまるい、とみなすこともできるのかもしれない。人間の直感力というのは優れたもので「図形」の大まかな性質・本質的な部分をきちんと感覚で捉えることができるからである。

一方、現代の日本において、学校で習う「図形」の性質・知識は、古代ギリシャから連綿と続いてきた「ユークリッド幾何学」のものである。ユークリッド（エウクレイデスとも）とは、紀元前三世紀に活躍したとされる伝説の数学者である。ユークリッド幾何学においては、厳密な長さや角度を用いて図形を調べる。一ミリでも違えば、違う図形とみなすのである。

地球の形の大まかな理解とユークリッド幾何学。これだけを見ても「もの（図形）の形」には様々な捉え方があることがわかるだろう。この「もの（図形）の形」を研究するのが数学の一分野である「幾何学」である。実際、様々な図形を様々な見方で研究することによって、非常に多様な幾何学が得られている。

では、「大まかに図形の形を理解する」には、どのような幾何学を考えれば良いだろうか。

幾何学の大きな目的の一つとして「図形を分類する」ことが挙げられる。図形を分類するには、当然、分類する「規準」が重要になる。ユークリッド幾何学で言えば「合同」がその規準になる。ユークリッド幾何学では、正確に長さと角度が等しい図形が同じ、つまり合同と定義された。教科書風に書けば「ぴったり重なる図形は合同」となる。

「大まかに図形の形を理解する」には、もっと緩やかな規準を考える必要があるだろう。つまり「ぐにゃぐにゃ」動かしても（連続的に変形しても）図形の本質は変わらないとする規準である。この規準に基づくのが、筆者が専攻する「位相幾何学（トポロジー）」という幾何学である。トポロジーにおける「図形の分類の規準」は「連続的に変形して重ねられる図形は同じ」というものである。例えば、平面上の円も三角形も星型も、すべて同じになってしまう。この革新的とも言えるトポロジーは、今からおよそ百年前、フランスの数学者であるアンリ・ポアンカレにより創始された、まだ比較的新しい幾何学なのである。

†宇宙の形と三次元多様体

さて「地球はまるい」ことは当然として、次にこの我々が住む宇宙の形を考えて見よう。宇宙はどんな形なのだろうか？　形なんてない、という答えもあるだろう。無限にひろがっているのだろうか。あまり想像もできないが「まるい」こともありうるのだろうか？

例えば地球上では、飛行機で真南に向かってまっすぐ進んだとすれば、いつかは南極を通過し、ちょうど地球の裏側の地点を通り、そして出発地点に戻ってくる。では宇宙で同じことをしたらどうなるだろう。例えば、北極星の方向にロケットを発射し限りなくまっすぐ進んだとしたら……（もちろんこれは思考実験であり、燃料など現実的な問題は全て無視している）。

「宇宙の形」について、実際に様々な方法で調査し研究するのは、もちろん数学ではなく、宇宙物理学の問題である。しかし、その結果、宇宙の形を理解するためには、調査し得られたデータを解析する必要が生じる。つまり「どんな図形（空間）」があり得るのか、そしてどうすればそれが判別できるのか、という幾何学の研究が必要不可欠であろう。そしてその研究、つまり宇宙の形のモデルの研究は、数学者の問題ということになる訳だ。

さてここで、この「宇宙」では、その観測者のすぐ近くだけを見れば、つまり局所的には、「たて・よこ・高さ」の三次元の座標をとることができることに注意しよう。もちろんこれは我々の地球のすぐ近くだけの観測結果であり、宇宙のはるか彼方でどうなっているかは計り知れない。ただし、地球の近くだけが特別と考える理由は何もないわけだから、物理的な規則や様相は宇宙のどの地点でも一様であると仮定するべきであろう。

もしこの宇宙の局所的な座標が、そのまま無限にまっすぐ広がっていれば、宇宙は中学・高校で教わるような単なる三次元空間になる。つまり、ロケットをまっすぐ飛ばせば、そのまま無限にまっすぐ飛び続ける空間である。しかし、地球のようにそうでないこともあり得るだろう。まっすぐ飛ばしたのに、なぜか反対側から戻ってきてしまうことが……。

地球の表面（球面）では、各地点のすぐ近くにおいて、ほとんど平らに見えるような地図を作成することができる。つまり局所的には二つの座標軸を持つ「座標平面」だと見なせる。このことから幾何学では、地球の表面のような曲面を「二次元球面」と呼ぶ。重要なことは、局所的には設定できた二次元の座標が、球面全体には拡張できないということである。地球上で、例えば日本のある地点において、そのごく近くだけ考えるときは「北へ○○メートル、東へ××メートル」と言えば、それが指す地点は唯一に定まる。しかし、ここで地球全体まで広げて考えてしまうと、反対側からぐるっと一周りすることもできるので、その地点は「南へ○○メートル、西へ××メートル」とも表せてしまう。つまり、地球の表面（二次元球面）は全体を一つの二次元座標で表すことはできない。言い換えれば、球面は「局所的には平らだとみなせるが、全体では曲がっている」のである。同様に考えれば、この宇宙も、局所的にはまっすぐ三次元に広がっているけれども全体としては曲がっている可能性があり得る……。

このように「局所的にはまっすぐとみなせるが、全体としては曲がっているかもしれない」図形（空間）を、幾何学では「多様体（manifold）」と呼んでいる（局所的には平らで一様なのに、多様体という名前が付いているのは不思議な感じがするが、これは歴史的な経緯からで仕方ないそうだ）。例えば、地球の表面（球面）は二次元多様体になり、そして我々のこの宇宙は三次元多様体だとみなせることになる。

筆者はこれまで、この三次元多様体に興味を持ち研究を続けて来た。これから、三次元多様体研究とその応用について、二〇〇二〜三年に発表された衝撃的な二つのニュース、そしてその影響と結果（二〇〇六年夏〜秋）について紹介していきたいと思う。

†空間の形と懸賞付き問題

二一世紀を迎えるにあたり、アメリカのクレイ数学研究所が、現代数学の有名な未解決問題に懸賞金を設定したことは聞いたことがあるだろうか。いわゆる「ミレニアム問題」と呼ばれるものである。

クレイ数学研究所は、アメリカの実業家ランドン・T・クレイ氏が私財を投じて設立した非営利研究所であり、数学の普及と発展を目的としている。ミレニアム問題は全部で七題あり、一題につき百万ドルの懸賞金がかけられた。「ヤン－ミルズ方程式と質量ギャップ」「リーマン予想」「P vs NP 問題」「ナヴィエ－ストークス方程式」「ホッジ予想」「ポアンカレ予想」「バーチ－スウィナートン＝ダイアー予想」の七つである。二〇〇〇年五月にパリで発表されたが、当時の為替レートで一億円を超える懸賞金額には度肝を抜かれたのを良く覚えている（当時、筆者はまだ研究生だった）。そして、その中の一つが三次元多様体に関する問題だったのだ。

それは一九〇四年にポアンカレにより提起された予想であり、今では「ポアンカレ予想」と呼ばれているものである。厳密な主張には（残念ながら）触れられないが、非常に簡単に言えば、「まるい」三次元多様体の代数的な特徴付けを考える予想である。

現代数学は、大まかに三つの分野「代数学」「解析学」「幾何学」に分けられている。幾何学が図形を研究する学問であることはすでに述べた。解析学では主に高校で習う微分積分を使って関数の研究を行う。そして代数学では、方程式や行列、ベクトルなど、数やその拡張に関わるものが研究対象となる。

ポアンカレは、一九世紀に萌芽が見られた「図形を大まかに見る見方」を発展・整備し、トポロジーの基礎を築いた。その中で、トポロジーにおける図形の分類に、ベクトルや行列の集合の抽象化である「群」と呼ばれる概念が有効であることを示した。これを踏まえて、「まるい」三次元多様体の特徴づけについて提起されたのがポアンカレ予想なのである。しかしその後、二一世紀を迎えてもなお、およそ百年もの間、未解決のままだったのだ。

さて、二〇〇二年の秋のことである。突然、ロシアの数学者であるグレゴリー・ペレルマン氏が、インターネット上でポアンカレ予想の解決を与えたという論文を公開した（具体的には二〇〇二年一一月から二〇〇三年七月にかけての三本の論文）。これらはあくまで自由投稿であり、きちんとした学術論文としては認められない。

かなり異例のことであるが、このことは社会的に大きく取り上げられた。例えばニューヨーク・タイムズでも大きく記事になっている（二〇〇三年四月）。これはペレルマン氏が、すでに幾つかの未解決問題を解決するなど優れた業績を上げており、当時、まだ三〇代半ばと非常に若かったが非常に高く評価されていたことによるのだろう。

しかし、ここで問題が生じた。ペレルマン氏の論文では、これまで三次元多様体研究で用いられてきた、伝統的なトポロジーの手法ではなく、より物理学に近い微分幾何学の手法が主に使われていた。またさらに、その記述があまり簡潔で、詳細（具体的な計算過程など）が省略されており、非常に難解であった。従って、多くの数学者たちにとって、その証明が本当に正しいのか、判断できなかったのである。当時、大学院を修了したばかりの研究員（ポストドクター）だった筆者も、彼の論文を理解しようとセミナーを開くなど努力をしたが、ほとんど理解できなかったというのが正直なところであった。

しかもその後のペレルマン氏の行動が事態の混乱に拍車をかけた。彼はなぜか正式な学術雑誌への論文投稿の手続きをとらず、幾つかのアメリカでの講演発表の後、国際的な数学社会から姿を消してしまったのだ……。

そして、二〇〇六年の夏。四年に一度、開催される数学界最大の会議「国際数学者会議」がスペインの首都マドリードで開催された。当時のスペイン国王フアン・カルロスI世も出席される中、国際数学者会議の開会式において、数学界最高の名誉とされるフィールズ賞の授賞式が行われた。フィールズ賞とは、四年に一回、四〇歳以下の数学者にのみ贈られる「数学のノーベル賞」とも呼ばれる学術賞である。そして、二〇〇六年のフィールズ賞受賞者の一人として発表されたのは、ペレルマン氏だった。三次元多様体を研究して来たものの一人として、その発表の瞬間、総毛立つような衝撃を受け、感動に身が震えたのを今でもはっきりと覚えている（そもそも当時、就職して三年目の講師だった筆者は、初めての国際数学者会議への参加で、緊張と興奮の中で開会式を迎えていたのだが）。

しかしその直後、当時の国際数学連合会長であるジョン・ボール卿が口にしたのは、さらに衝撃的な事実、彼はこの受賞を辞退した、ということだった。その後、ペレルマン氏はミレニアム問題にかけられていた懸賞金も辞退した（二〇一〇年三月）。今ではもちろん、彼の証明は確かなものとして認知され、解説本も多く出版されている。しかし現在でも、彼のその後の消息ははっきりとは知られていない……。

†宇宙の形

宇宙の形についての話に戻ろう。「まっすぐ広がっている宇宙」はすぐに想像できる。また「まるい宇宙」は、ある意味で地球の形（球面）から類推して想像することもできるかもしれない。それでは「まるくない」宇宙とはどんなものがあり得るのだろうか。

まず、「まるくない」とはどういう意味だろうか。前に述べたように数学的に「まるい」ものとして例えば球面があげられる。さらにトポロジーでは、連続的に変形して「まるい」ものはまるいと見なされる。四面体でも立方体でも、その表面は、トポロジーでは球面と同じであり「まるい」。それではトポロジーにおいても「まるくない」ものとはなんだろう。

実は、例としてあげられるものに「ドーナッツ（の表面）」がある。ドーナッツには穴が開いている。だから、ボールの表面（球面）をどうやって連続的に変形しても、パンクさせて穴を開けない限りドーナッツの表面のようにはできない。つまり、「ドーナッツ」はトポロジーでは「まるくない」。随分と違和感もあるかもしれないが、とにかく、このようなドーナッツの表面のような図形（曲面）を、幾何学では「トーラス」と呼んでいる。

次に「まるくない宇宙」を想像するにはどのようにしたら良いか、を考えてみよう。例えば、地球がまるいことは、現代なら人工衛星からの写真により、見て直感的に理解することができる。しかし、宇宙の形をその「外側」から見る（観測する）ということはできそうにない。そこで宇宙の中にいるままで調査をしていくことを考える必要がある。

仮に、地球が大きなドーナッツ形だったとしよう。その表面に住んでいて、表面しか把握できないとき、一体どのようにしたら地球がドーナッツ形だとわかることができるだろうか。一つの方法として考えられるのは、その表面をくまなく調査・観測して地図を作ることであろう。例えばドーナッツの表面の地図は……。

空間図形を想像する練習をしよう。頭の中で正方形を一枚用意する。そして、その一組の対辺を貼り合わせる。さらに残ったもう一組の対辺も貼り合わせる。正方形は紙ではなくゴムでできていると思って、アニメーション的に連続変形させてほしい。得られる図形がトーラスになることはわかるだろうか（自分で適当な図を紙に描いてみると良い訓練になる）。こうして、もし、くまなく調査してできた地図が正方形で、互いに向かい合う辺が貼り合わされるようであれば、その世界はトーラスであることがわかるのである。

同様に三次元に拡張してみよう。まず立方体を用意する。立方体には六つの面があり、互いに向かい合う二面ずつ、三組に分かれている。そこで互いに向かい合う三組の面同士を貼り合わせる。もちろん三次元空間内で実現することはできない。しかし、それぞれの面（正方形）同士は合同なのだから、抽象的に同一視することはできるはずだ。二次元のトーラスのときを思い出そう。トーラスの表面上に暮らしている限り、その地図は外側の空間とは無関係だった。次元をあげても同様であるはず……。

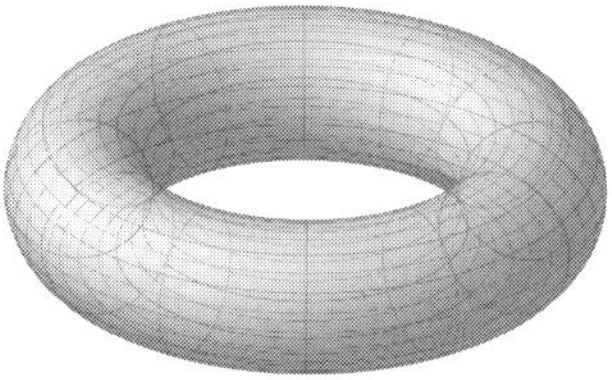

途端に想像できなくなって難しくなってしまったかもしれないが、とにかくこれで、なにか三次元多様体、つまり宇宙の形のモデルができた。こ

のようにして得られた三次元多様体は「三次元トーラス」と呼ばれている。これが「まるくない」三次元多様体の一つの例である。同様にして、実に種々様々な無数の三次元多様体をつくることができる。さて、宇宙の形は実際、どんな三次元多様体なのであろうか……。

二一世紀を迎えた二〇〇一年、NASA（アメリカ航空宇宙局）は、宇宙の詳しい観測のため（正確には宇宙マイクロ波背景放射と呼ばれる宇宙線の観測のため）WMAPと呼ばれる衛星を打ち上げた（正式名称はウィルキンソン・マイクロ波異方性探査機 Wilkinson Microwave Anisotropy Probe）。この衛星による観測に関しては様々なプロジェクトが立ち上げられたが、そのうちの一つが宇宙の地図の作成による「宇宙の形」調査プロジェクトだった。それには数名の数学者が参加していた。そのうちの一人が、ジェフリー・ウィークス氏である。

彼は大学に所属しないフリーの数学者として有名である。彼が一九九八年に来日した際、この「宇宙の形」調査プロジェクトについての講演があった。講演会に参加した当時、大学院生だった筆者は、その内容に非常に胸を躍らせた。これがその後ずっと、三次元多様体を研究していく大きな動機の一つとなった。

ウィークス氏らのプロジェクトチームは、二〇〇三年に、WMAPの観測結果の解析報告を発表した。それによる宇宙の形の候補は……「ポアンカレ十二面体空間」と呼ばれるものだった。実はこれは、今から百年前にポアンカレが最も初期に研究した三次元多様体の一つで、ポアンカレ予想を提起した一九〇四年の論文の中で構成されているものなのである。比較的単純なものではあるが、これが宇宙の形の候補としてあげられたことには、当時、正直、信じられない思いだった。

簡単にこの多様体の構成方法を説明しておこう（ポアンカレによるオリジナルのものではないが）。まず正多面体の一つである正十二面体を考える。その十二枚の面はそれぞれ正五角形である。十二枚の面は（立方体の時に似て）互いに向かいあう六組の面の組にわけられる。ただし向かい合ってはいても、ねじれていて平行移動で重ねることはできない。そこでそれぞれの面の組について、二つの五角形の面を回しながら平行移動して貼り合わせる。すると非常に想像しにくいが、一つの三次元多様体、つまりこの宇宙のモデルが得られるのである。

残念ながら、この彼らの結果は未だ確証が得られておらず、また一部には反論もあるので、確かなものとは言えないのが現状となっている。つまり、宇宙の形はまだ確定されてはいない。しかし、いつか遠い将来、「地球はまるい」と誰もが知っているように、「宇宙の形はこんな三次元多様体」と誰もが理解する日が来るのかもしれない……。

その後、二〇〇六年一〇月。マドリードでの国際数学者会議からわずか一か月半後、その余韻の残るうちに、WMAP衛星に先駆けて宇宙マイクロ波背景放射観測を行った衛星「COBE」の主任研究員ジョージ・スムートとジョン・C・マザーがノーベル物理学賞を受賞した。

彼らの研究があったからこそ、ＷＭＡＰの打ち上げ、そして宇宙の形の研究があった。こうして三次元多様体研究に携わるものとして、二〇〇六年は本当に忘れられない年となったのだった。

◇ブックガイド

春日真人『１００年の難問はなぜ解けたのか――天才数学者の光と影』（新潮文庫　二〇一一年）

ドナル・オシア著、糸川洋訳『ポアンカレ予想』（新潮文庫　二〇一四年）

根上生也『トポロジカル宇宙　完全版――ポアンカレ予想解決への道』（日本評論社　二〇〇七年）

第15講

巨大データが実現する人間の知

尾崎知伸

†人工知能とその発展

皆さんは、人工知能という言葉を聞いたことがあるだろうか？

人工知能とは、その名の通り人工の知能、すなわち「コンピュータ上に実現された人間と同じような知能」や「あたかも人間のように知的に振る舞うことのできるコンピュータ」を指す。一九五六年にダートマス会議で初めて人工知能という言葉・研究分野が提唱されて以来、継続的に研究が続けられている。その成果として、一九九七年にはＩＢＭのDeepBlueが当時のチェスのチャンピオン、ガルリ・カスパロフに勝利したことを皮切りに、二〇一一年には同じくＩＢＭのWatsonがアメリカの人気クイズ番組ジョパディ！で優勝するなど着実な発展を見せ、ついに二〇一六年にはGoogleのAlphaGoがプロの囲碁棋士、イ・セドルに勝利し、人工知能の研究者を含め、広く一般に大きな衝撃を与えた。

近年の人工知能の発展は著しく、より日常生活に近い分野での活用が始まっている。例えば医療の分野では、ＩＢＭのWatsonを利用した診断の補助や治療法の助言が行われている。これにより、人間の医師による診断では特定が難しい血液がんの一種を見抜いたという例も報告されている。また経済・金融の分野では、人工知能等の技術を使い一秒間に何百回何千回もの速度で取引を行う「超高速取引」が実現され、その影響の大きさから一部規制に向けた検討が開始されている程である。一方、ジャーナリズムの分野では、米国のワシントン・ポスト紙がリオデジャネイロ五輪の報道において、試合結果やメダル獲得数など短い原稿を中心に人工知能に記事の作成を行わせている。またより身近な（？）例として、「教えて！goo」において恋愛相談サービスが、また「Yahoo! 知恵袋」において恋愛に関する脈の有無を回答するサービスがそれぞれ展開されている。

これらの例に代表されるように、近年の人工知能の発展は目覚ましく、その具体例は枚挙にいとまがない。この急速な発展は、情報ネットワークの整備とコンピュータの高性能化はもちろんのこと、ビッグデータとも呼ばれる巨大なデータの登場と、それを利活用する深層学習（ディープラーニング）と呼ばれる新たな技術革新によるところが大きい。そこで本講ではまず、人工知能に限らず、日常生活に見られる巨大データの利用例について概観する。その後、古典的ではあるが応用範囲の広い人工知能を実現するための基本的な技術・考え方を導入し、最後に、近年発展をとげた深層学習について簡単に説明する。

†日常生活を支える巨大データ

我々が日常的に接している巨大なデータとして真っ先に思い浮かべるものは、ツイッター・フェイスブック等に代表されるソーシャルメディアやウェブであろう。ソーシャルメディアは、ツイッターにおけるリツイートなどのように、情報の拡散機能が豊富であり、速報性や拡散性が高いという特徴から、今や必要不可欠な情報インフラとなっている。ところで、ソーシャルメディア上で発信した情報は、適切な設定をしないと誰でも閲覧できることをご存じだろうか。この「速報性・拡散性が高い」「だれでも閲覧可能」という性質を利用し、ソーシャルメディアをある種のセンサーのように利用する試みが行われている。

例えば、NHKのあるニュース番組では、一日の日本語ツイートをすべて分析し、いち早くその時々のトレンドをランキング形式で伝える試みを行っていた。またツイートの内容から集団的な雰囲気を計量し、株価やその増減、また経済指標との関連性を分析する試みも盛んに行われている。さらに地震大国である日本では、ツイートによって地震の大きさや現地の状態を把握する試みも行われている。地震とツイートに関するある調査では、ツイート数は地震の大きさに比例すること、地震発生後すぐに地震の体感や感想のツイートが行われること、普段あまり地震が起きない地域だと反応が高いことなどが報告されている。

一方、オランダの例ではあるが、天気とツイートの関連性も指摘されている。分析によれば、天気に関するつぶやきは平日の朝七時から八時の間が最も多いことや、日照時間がソーシャルメディア上の感情と一番相関が強いことなどが報告されている。これらの例が示す通り、ソーシャルメディアは集計することで様々な状況を把握することができ、単なる情報発信・情報収集ツールの枠を越えた役割を果たしていることがうかがえる。

次に、ウェブにおける巨大データの利用例を取り上げる。皆さんは、ウェブブラウザを用いて検索をする際、検索語を補完・提案された経験をしていると思う。例えば検索語として「日本大学文理学部」と入力すると、それに関連する語として「シラバス」や「図書館」、「オープンキャンパス」、「電話番号」などの語が提案される。このサービスは、入力補助機能やサジェスト機能などと呼ばれ、巨大データによって成り立っている。具体的には、誰かが検索を行うたびにどのような組み合わせで検索語を利用したのか、また検索の結果クリックされたウェブページにはどんな語が含まれていたのかを収集し、それを集計することで関連する語を特定している。単に集計しているだけのように思えるかもしれないが、語とその組み合わせの多さや、瞬間的な反応速度が求められるなどの困難も多く、様々な工夫と非常に高度な技術によって支えられている。

検索等の履歴を利用するという考えを進めると、推薦システムへと繋がる。推薦システムとは、ウェブサイト等でショッピングを行う際に、その人の嗜好に合うと予想される商品を提示するサービスである。例えば、「商品Aを買った人は商品Bも買っています」や「商品Xと商品Yは一緒に買われています」等の情報が提示される。このサービスもまた、多くの購入履歴を蓄積し、ターゲットの購入履歴やプロフィール情報と照合することで成り立っている。商品の類似性を用いた推薦（コンテンツに基づく推薦）に加え、嗜好が似ている人が購入している商品を薦める方法（協調フィルタリング）など、その裏側では多岐に渡る技術が働いている。

購入される商品の組み合わせを蓄積し利用するというアイディアは、インターネット上だけでなく現実社会でもしばしば行われている。その最たる例がコンビニエンスストアのPOSシステムである。商品を購入するたびに、購入した商品と（店員が推測した範囲での）性別や年代情報を共に蓄積し、それらと地域や天候の情報等を組み合わせることで、仕入れる商品やその量、棚配置へと反映している。これにより、勘や経験だけに頼るのではなく、データに見られる顧客ニーズを把握した上での経営が可能となる。

以上、簡単ではあるが、ウェブやソーシャルメディアを中心に巨大データに支えられているサービスについて言及した。次にカーナビ（カーナビゲーションシステム）や乗換案内を例に、知的な処理をコンピュータで実現するための基本的な仕組みについて言及する。

†探索による問題解決

カーナビは、GPS情報を利用して現在地から目的地までの道順を提示するシステムである。最近では、過去の状況や現在の交通情報を考慮し渋滞等を予測した上で、最適なルートを計算してくれる。その意味では、大規模データに支えられたサービスの一つであろう。

ここでは「経路を見つける」作業そのものがどのように実現されているかを概観する（図1）。

カーナビは、現在地をスタート、目的地をゴール、各道路を通路とすると、迷路と同じ構造をしていることが分かる。また迷路を数学的に捉えると、スタートとゴール、各分岐点や場所を頂点とし、それらをつなぐ通路を辺とするグラフと呼ばれる構造が得られる。これによりカーナビにおける経路検索は、渋滞等の考慮は必要であるが、グラフ上のある頂点から別の頂点への経路を求める問題に帰着できる。また同様に電車の乗換案内も、駅を頂点、路線を辺とするグラフ構造で表すことができ、同様の考え方が適用できる。

グラフ上での経路発見には様々な方法が考えられるが、ここでは最も簡単な方法について説明する。それは、現在いる位置をS、ゴールをGとし、次の三つのルールを繰り返し適用するものである。

ルール1：SとGが一致すれば終了する。
ルール2：Sから未訪問の隣接頂点Yに移動し、S＝Yとする。なお未訪問の頂点が複数ある場合は、順番に試す。
ルール3：Sが行き止まり（未訪問の隣接頂点がない）の場合は来た場所に戻る。

先掲の迷路の例で具体的な動作を確認してみよう。この迷路における初期状態は、S＝a、

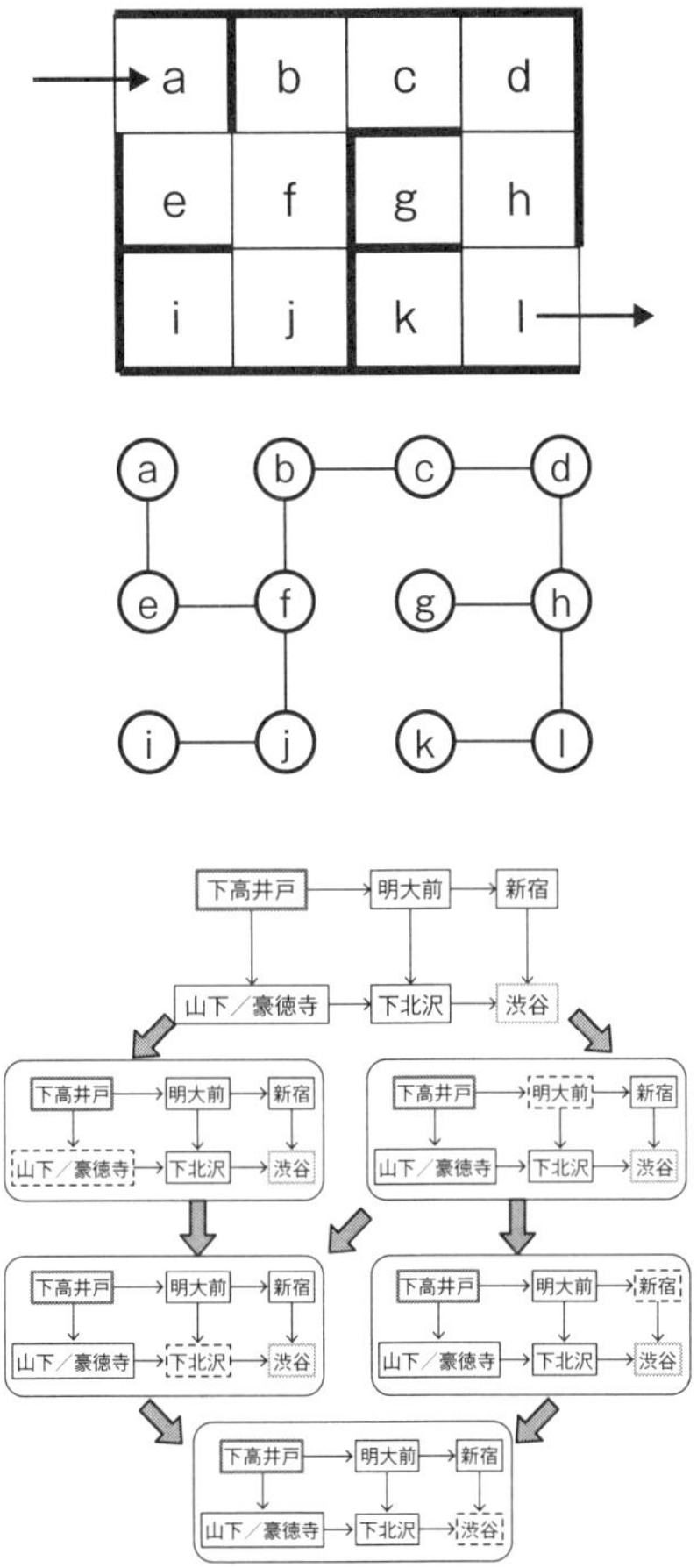

図1　迷路とグラフ表現・乗換案内

G＝lである。まずaの隣接頂点e、eの隣接頂点fに移動することで、S＝fとなる。頂点fには未訪問の隣接頂点としてbとjが連結されている。複数の可能性がある場合は順番に試すということで、まずはjに進むとする。これによりS＝jとなる。頂点jから頂点iへと移動するが、iは行き止まりであり、訪問元のj、そしてその前のfまで戻り、経路の選択をやり直す。この操作をバックトラックと呼ぶ。頂点fで頂点bを選び直し、頂点の移動を進めることで、最終的にS＝G＝lとなり、経路aefbcdhlが得られる。非常に単純ではあるが、これだけのルールで経路の発見が実現できるというのは、いささか驚きに値するのではないだろうか。

さて、この「グラフを探索することで経路を得る」という考え方は、パズル等にも応用ができる。例えば「巡回騎士問題」を考えてみよう（図2）。この問題は数学的なパズルの一種であり、チェスのコマである騎士を動かし、チェス盤上の全てのマスを周回する方法を求めるものである。なお騎士は、将棋における桂馬のような動きをする。盤面上の各マスを頂点、騎士の動きによりマス間を移動できる場合に辺を張ることで、この問題は「すべての頂点を一回ずつ通る」という条件付きの経路発見問題として定式化ができる。

また別の問題として「N人の女王問題」（図3）を考えてみよう。この問題は、同じくチェスの盤面上に、将棋の飛車と角を合わせた動きをする女王をお互いに取り合わないように配置する問題である。この問題も、（部分的に）女王が配置された盤面を頂点とし、ある盤面とそれに女王を一つ追加することで得られる盤面との間に辺を引くことで、グラフ構造で表現することができる。また、互いに取り合うような盤面を行き止まりと考えればよい。

これらの例のように、対象をグラフで表現し、その経路を探索することで答えを得る方法は人工知能における古典的かつ基本的な手法であり、「探索による問題解決」と呼ばれる。次節では、この考えを更に進め、人間の推論と探索について考察する。

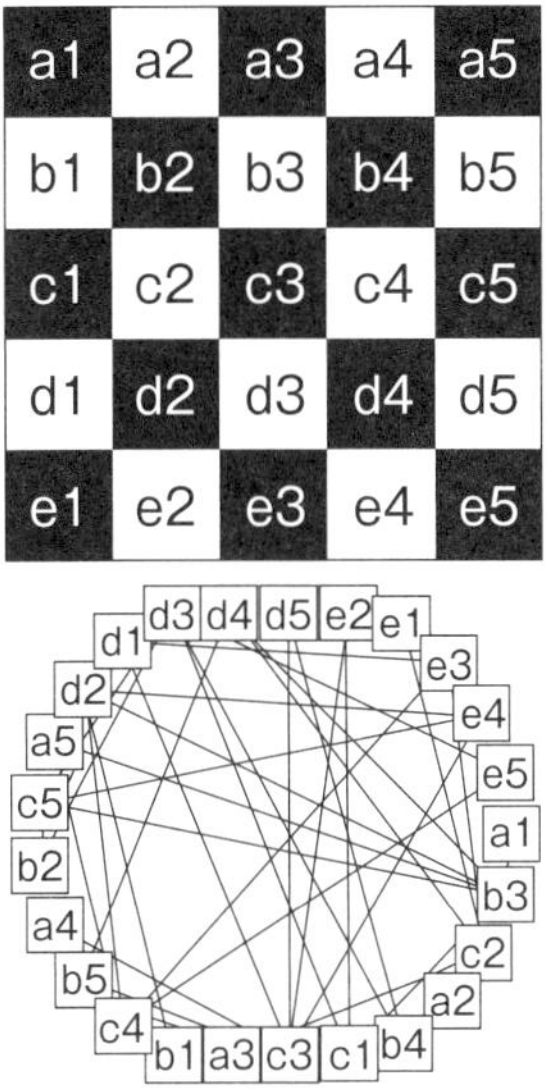

図２　巡回騎士問題

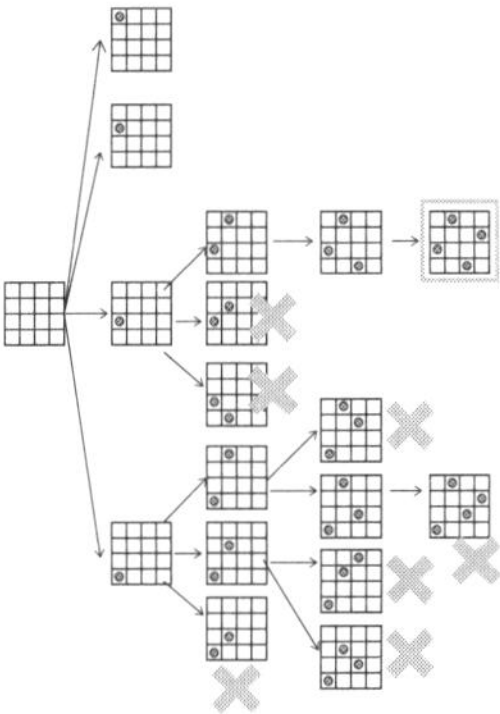

図３　Ｎ人の女王問題

†推論と探索

人間の知的な能力の一つとして、既知の情報・事柄を利用して新たな情報を推測する能力があげられる。例えば「事件Xの犯人はYである」という事実を知っているとき、明示的な情報がなくとも「Yにはアリバイがない」と考えるであろう。また逆に「Yにはアリバイがない」という情報を知ったとき「Yが事件Xの犯人である」と推測するかもしれない。これらは「犯人(A)ならばアリバイがない(B)」という知識(ルール)と「犯人はYである」「Yにはアリバイがない」という情報をそれぞれ組み合わせることで新たな情報を導き出すことに相当する。前者は演繹推論と呼ばれ、ルール「AならばB」を順方向に利用して結論を得る正しい推論である。一方で後者は発想推論と呼ばれ、ルールを逆方向に利用して結論を得るものであり、必ずしも正しい答えが得られるとは限らない。すなわち、アリバイがなくても犯人であるとは限らないということである。

さて、演繹・発想推論に加え、人間の主要な推論法の一つとして事例の一般化である帰納推論があげられる。帰納推論は概念学習とも呼ばれ、対象を限定すればある種の「あるなし問題」として定式化できる。次の例を見てみよう。

この例は、「トレイン問題」と呼ばれる問題であり(図4)、東(右)に向かう列車と西(左)

に向かう列車にそれぞれ連結されている貨車を比較し、東に向かう列車にのみ見られる特徴やパターンを見つけることで「東に向かう列車」という概念を獲得するというものである。正解は複数考えられる。各自考えてみるとよいだろう。

さて帰納推論の問題も、探索による問題解決として定式化することができる。例えば、「長い貨車が連結されている」や「屋根のない貨車が連結されている」、それらを組み合わせた「長い貨車と屋根のない貨車が連結されている」など、条件を頂点とし、条件が一段階厳しくなる場合に辺を付与することでグラフを構成する。また東向きの列車の一部が条件を満たさない場合、その頂点を行き止まりと考える。ゴールは、東向きの列車のみが満たし、西向きの列車が満たさない条件である。実際には、解としての条件を満たす頂点は複数考えられるので、その間で優劣を決める必要があるが、基本的には条件を頂点とするグラフ内を探すという処理として、帰納推論が実現できている点に着目していただきたい。

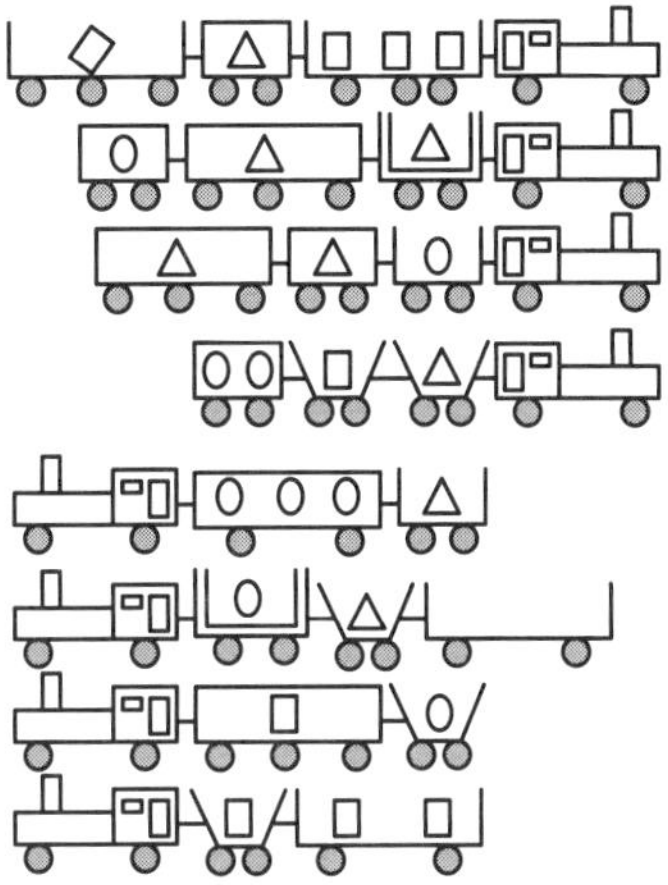

図４　トレイン問題

この「条件を頂点とするグラフを探索する」というアイディアは、前掲のコンビニエンスストアにおけるPOS分析にも適用できる。条件として購入した商品の集合を考え、集合の包含関係を基準に辺を付与することで、商品集合の全体集合に相当するグラフを得る。そのグラフを条件が緩い方から厳しい方へ（購入した商品が少ない方から多い方へ）とたどることで、効率的に一定数以上現れる商品の組み合わせを列挙することができる。

以上、人工知能を実現する古典的な手法として、探索による問題解決の例を紹介した。グラフの探索というシンプルなアイディアが、非常に広い範囲で適用可能であることを理解頂けたであろう。

†より人間らしい知能の実現に向けて

発展著しい近年の人工知能は、人間の言葉を理解し、写真（画像）に写っているものを事細かに説明する。更にブロック崩しなどのゲームを前にしても、ルールの説明なしに人間を超える戦略やテクニックを獲得する。これらの驚異的な能力は、冒頭でも述べた深層学習と呼ばれる技術革新によるところが少なくない。深層学習とは、人の脳細胞を模した（と言われる）ニューラルネットワークを多層に積み上げたものである。すなわち、数値ベクトルとしての入力に対し、その重み付き和の値に従って出力を決定するユニットを多数集めたものと言えよう。

図5に示すような単純なユニットを幾重にも重ねることによって複雑な処理を関数として表現する。また目的に応じてネットワーク構成を変えることで、多様な問題へと対応している。

深層学習では、入力と出力の対を与え、入力から計算される値が出力と一致するように重みを調整する。この過程は学習と呼ばれ、深層学習の高い能力を支えている。すなわち深層学習は前節で概観した「探索」ではなく、「パラメタ（重み）の調節」によって適切な関数を実現することで、問題の解決を図る方法であると言えるだろう。一般に学習には非常に多くのデータを必要とする。その意味では、巨大データを容易に入手できるこの時代に適した方法と考えられる。

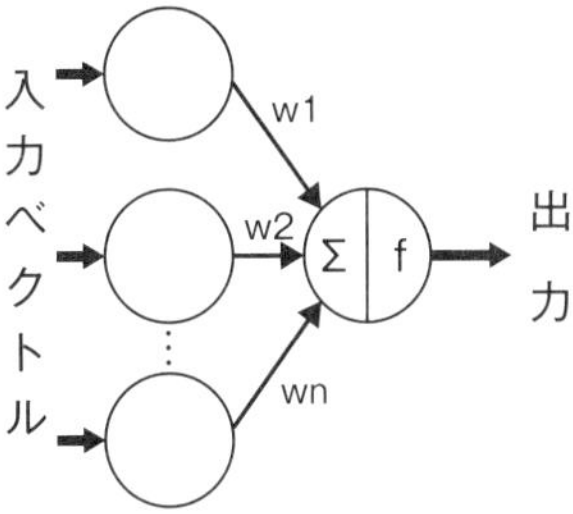

図5　ニューラルネットワークのユニット

深層学習が技術革新であると言われる理由の一つとして、特徴抽出が不要であることがあげられる。例えば帰納推論の例では、人間が「条件」を明示的に与えてやる必要があった。これに対し深層学習では、生のデータから重要となる特徴を自動的に学習・抽出すると言われている。これにより、ある意味で人間の知識を介さない学習が達成されたと考えることもできる。

一方で、深層学習の中身（学習された関数）はブラックボックスであり、うまく動作するからと言って盲信すると思わぬ落とし穴に陥る可能性も否定はできない点に注意が必要である。

人工知能の発展により、二一世紀中には人間を超えるとともに、人類の進化曲線が無限大となるシンギュラリティが起こるのではないかと予想されている。私には実際に何が起こるのか予想が付かないが、本講が対象となる技術の概要を知り、またこの問題に対して考えるきっかけとなれば幸いである。

第16講

ウイスキーの物理学

十代　健

†ウイスキーの魅力

私にとってウイスキーほど心を惹かれる飲み物はない。酒飲みとしてウイスキーが好みであることは間違いないが、科学的にも興味深い液体であるからだ。

ウイスキーには様々な飲み方がある。原液をそのまま飲むストレートから始まり、氷で冷やすオン・ザ・ロック、適当な比率の水で薄めた水割り、最近では、炭酸水で割るハイボールも人気である。炭酸水の場合を除いて、薄める液体は味のない水であり、氷で冷やすことによって温度を制御する場合もあるが、水で薄めているだけであるので、ここまで多様な飲み方があることは理解に苦しむであろう。しかしながら、ウイスキー飲みにとって、好みの飲み方があり、また、気分によって、飲み方を変えるのも一般的である。それは、飲み方によって著しく味が違ってくるからであるが、科学的にも理解に苦しむところである。

炭酸水で割るハイボールの場合も不思議であることには変わりがない。炭酸は酸であるので酸っぱい味を加えているのではないかと思われる方も居るかもしれないが、炭酸は酸っぱいと感じるほど酸性は強くない。酸味を感じる炭酸飲料にはクエン酸という別の酸が入っていることが多く、ハイボールを割る炭酸水とは別物である。もちろん、ハイボールにレモンのかけらを浮かべて酸味を加えている場合もあるが、基本的にハイボールといえども、ほとんど味のしない炭酸水を加えているだけなのである。炭酸により飲むときに発生する二酸化炭素の泡が触覚を刺激して味に影響を与えているかもしれないが、ここでは、純粋な飲み物の味としてウイスキーの不思議を考えてもらいたい。

私は昔、スコッチバーに通っていたことがある。引越しにともない、通わなくなってしまったのであるが、スコッチウイスキーの楽しみ方をそのバーのマスターから教わった。まずはストレートで飲むのであるが、それは香りを楽しむためであり、わざと冷やさずに、その匂いをワイングラスのような容器に充満させる。その後、口に含むとスコッチの荒々しさが口いっぱいに広がる。次は、氷で冷やす場合もあるが、マスターのお勧めは、一滴か二滴の水を垂らす飲み方である。水割りの薄め方とは抜本的に違い、そのアルコール度数は、ほとんどストレートのままなのであるが、嘘のように味がマイルドになるのである。これ以来、私がスコッチ好きになったのは言うまでもないが、科学者としても、その不思議に挑みたいと考えるようになった出来事である。

†水とエタノールの混合

科学的にウイスキーを考えていきたい。ウイスキーは蒸留酒で、ブランデーや焼酎と同じ分類である。化学実験でも蒸留という操作が存在する。沸点の違いにより特定の化学物質を純粋化する工程である。ビールやワインなどのお酒は原料である糖質や発酵を司る酵母など様々な物質の混合物である。ウイスキーを初めとする蒸留酒では、その混合物質を気化させ、化学的に純粋にしているのである。お酒の成分分子であるエタノールは、水分子との親和性が強く、蒸留で完全に水とエタノールを分離することはできない。しかし、化学的な純粋化の過程であるため、蒸留されてくる液体は水分子とエタノール分子のみの混合物であり、それ以外の成分は非常に少なくなっている。実際に蒸留直後のウイスキーは透明な色をしており、樽で熟成させることによって、ウイスキー独特の色へと変化しているのである。

つまり、お酒の中でも蒸留酒と呼ばれる液体は、化学的に純粋化する過程である蒸留を経ているため、単純化された成分構成をしているといえる。水分子とエタノール分子が、成分のほとんどであり、ウイスキーにおける樽から溶け出した色の成分や、蒸留過程で混入した不純物ともいえる香り成分など、味に影響を与える物質もあるが、ストレートと水割りで味に違いが生まれる理由を説明するには、微量過ぎる成分といえる。従って、ウイスキーの味を決めている要因として、水分子とエタノール分子の混ざり方を考える必要が出てくる。

水とエタノールが、どのように混ざり合っているのか、最先端の科学でも解っていないのが現状である。例えば、水一リットルとエタノール一リットルを混合した場合、およそ一・九リットルに体積は減ってしまう。この理由は水分子とエタノール分子が互いの隙間を埋める形で混合するからであり、米一リットルと大豆一リットルを混ぜた場合、粒の大きさが違うため合計体積が二リットルより少し減ってしまう関係と似ている。しかし、水分子とエタノール分子が、具体的にどのように空間を占め合って、約五パーセントも体積が減ってしまうのか解っておらず、ウイスキーの味にも繋がる問題でもあり、理学的にも興味深いテーマである。

水とエタノールを混合した際、その体積が異常な減少を示すことを紹介したが、密度・屈折率・粘性率などの物理的性質も混合により異常な挙動を示す。例えば、液体がどれくらいドロドロ・サラサラしているのかを表す粘性率の場合、水だけの場合やエタノールだけの場合はほぼ同じドロドロ具合である粘性率を示すが、水とエタノールを混合すると粘性率が大きくなり、エタノール濃度四〇パーセント程度で三倍近くのドロドロ具合まで上昇する。粘性率の変化も水分子とエタノール分子の混ざり方が、その挙動の根源であり、様々な物理的性質から混合状態に対する知見を得る必要がある。

†ブラウン運動とは

ウイスキーの味に水とエタノールの混ざり具合が関係していると述べてきたが、水分子やエタノール分子は非常に小さく、混ざり具合といっても実感が湧かない人が多いであろう。簡単にどれくらい解っていないかと言えば、水とエタノールが混ざっているのか、混ざっていないのか、どの程度混ざっているのか、解っていないのである。化学的には、エタノールは水と良く馴染む性質があり、任意の割合で混合できる液体である。つまり、水とエタノールは混ざることができる液体といえる。しかし、ここで混ざっているというのは、巨視的な世界で一ミリリットル以上の量を混合した場合での話であって、そんな量の中にも、何兆・何京・何垓個もの分子が含まれているのである。非常に小さな分子のミクロな世界では、必ずしも混ざっているとはいえないのである。

ここで、原子や分子がどれくらい小さいのかという話をしよう。水分子の大きさは約〇・三ナノメートルであり、百億分の三メートルとなる。私の専門分野が原子や分子の大きさの世界であるナノメートルの研究である。ナノとは十億分の一の意味をする科学用語であり、ナノメートルとは十億分の一メートルのことになる。ナノメートルがどの程度小さいかと言えば、地球の大きさとビー玉の大きさの比がナノ（十億分の一）程度である。つまり、ウイスキーの話に戻して説明すれば、人間の世界を地球の大きさとすれば、そのサイズでは水とエタノールは混ざり合っているのだが、原子・分子のナノサイズであるビー玉の大きさの世界では、混ざっているのか混ざっていないのか解っていないのである。

そんな小さな原子・分子の世界を実感できる現象としてブラウン運動がある。ブラウン運動とは、一八二七年にロバート・ブラウンが発見した現象である。花粉を水に漬けて顕微鏡で観察すると、水の浸透圧で花粉が破裂し、破裂して浮遊してきた微小物質が不規則に運動した。具体的に不規則な運動とは、ランダムウォークとか日本語では酔歩などとも呼ばれ、まさに、千鳥足の酔っ払いが次に右に行くのか左に行くのか全く予想できないような動きをするのである。まるで、生命の動きのようでもあるので、当初は、花粉における生命物質由来の現象かと考えられたが、チョークの粉など非生命物質でもブラウン運動が観測され、非常に小さい物質の運動であることが判明した。

ブラウン運動が起こる理由を理解するために熱運動を考えなければならない。夏は暑くて冬は寒い、当たり前のことであるが、温度とは何であろうか。空気や水の中には非常にたくさんの分子が存在して、バラバラに衝突し合いながら飛び回っている。そんな飛び回っている平均の速さが温度なのである。温度が高いとは早く飛び回っていることであり、逆に温度が低い場合は、飛び回っている速さが遅いのである。空気や水など身の回りの物質は原子や分子から成り立っており、たくさんの分子が乱雑に運動している、その運動の程度が温度なのである。

では、ブラウン運動の話に戻して、非常に小さい物質の水中での運動を考えたい。花粉が破裂してできた微小物質やチョークの微粉など、小さいといえども、分子よりは、はるかに大きい。そんな粒子を水に浮かべたとすると、周りの水分子は、熱運動により乱雑に動き回っている。微小物質のある瞬間を考えた場合、右から衝突してくる水分子の数が左から衝突される水分子の数より多いかもしれない。そうならば、右からの衝突力が勝り、粒子は左へ動くと予測できる。水分子は乱雑に動き回っているため、それぞれの瞬間に衝突してくる方向と数はバラバラであり、次にどちらに動くのか全く予想できない動きをとることになる。

ブラウン運動が観測される条件として粒子のサイズがある。十分に大きな粒子では、たくさんの分子が様々な方向から衝突し平均化され、分子の衝突は単に圧力として観測されるだけである。しかし、粒子のサイズが一マイクロメートル（一ミリメートルの千分の一）を下回るナノメートルのサイズ領域まで小さくなると、分子衝突の不均一さが著しくなり、ある瞬間における右からの衝突回数と左からの衝突回数に差が現れはじめる。これが、ナノ粒子の小ささがブラウン運動として観測される理

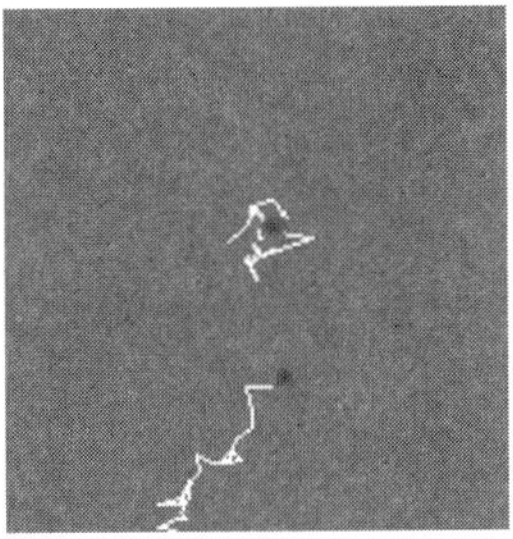

図１　ブラウン運動におけるポリスチレン粒子（半径 375 nm）の室温・水中における 10 秒間の軌跡

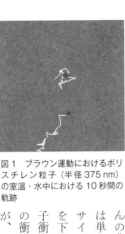

由である。非常に小さいといえども、小中学校の理科室に置いてある普通の光学顕微鏡でもなんとか観測できる程度の大きさの粒子であり、原子や分子の衝突の痕跡が、直接、通常の顕微鏡で測定できるのである。

†アインシュタインの式から出発

アインシュタインといえば、相対性理論が有名であるが、ノーベル賞の受賞理由が相対性理論ではないことをご存じであろうか。一九二一年、光量子仮説に基づく光電効果の理論解明という研究テーマでノーベル物理学賞を受賞している。この光量子仮説の論文と特殊相対性理論の論文、そして、ブラウン運動に関する論文を一九〇五年に立て続けに発表した。この三つの論文は全く別の内容の研究であり、また、それぞれの分野を飛躍させる仕事を一年間に発表したので、奇跡の年とも呼ばれている。

では、奇跡の年に特殊相対性理論と光電効果の論文と同時に発表したブラウン運動の研究を紹介しよう。時代背景から説明すると、原子や分子の存在も立証されていない仮説に過ぎなかった時代である。熱力学はかなり発展しており物質のもつエネルギーに関してかなりの知見が蓄積されていたが、原子・分子を観測できていなかったため、その存在も疑われていたのである。エネルギー論の立場から原子・分子の存在を否定していたのがブラウン運動である。原子・分子が存在したと仮定してその熱エネルギーを計算することができる。同じようにブラウン運動を示すナノ粒子に対して、その観測される運動エネルギーを計算すると、熱力学から予測されるエネルギーと比べ著しく小さい値であった。このことがエネルギー論者が原子・分子の存在を否定する根拠であった。

アインシュタインは、原子・分子論の立場から、ブラウン運動をするナノ粒子の運動エネルギーが小さい理由を説明した。ブラウン運動で観測される乱雑な運動は、液体中の原子・分子が熱運動において衝突する際の右からと左からの衝突回数の差・揺らぎであり、熱力学的な平衡状態の運動エネルギーをもつのではないことに気付いたのである。

アインシュタインがブラウン運動におけるナノ粒子の挙動を示すとして発表した式では、ナノ粒子の平均移動距離が、分子がどれくらいたくさん存在するか表現したアボガドロ数といった数字と絶対温度を含む分子からの衝突力を示す項と、液体の中でドロドロした中を進むときの抵抗つまり粘性率から計算される抵抗力を含んだ式となっている。つまり、原子・分子のミクロの世界と、粘性率といった巨視的なマクロの液体の物性値を繋ぐ式となっているのである。

この式の導出により、ブラウン運動が原子・分子の衝突で起こることが理解でき、熱力学的なエネルギー論の上でも矛盾がないため、原子・分子の実在をはじめて証明したといわれている。

†ウイスキーの中のナノ粒子

アインシュタインの式によりブラウン運動が分子の衝突によって生じることが判明した。ウイスキーの中にナノ粒子を浮かべれば、ブラウン運動によりウイスキー中の分子の衝突の様子が観測されるだろう。詳細に解析すれば、水分子とエタノール分子が、どのように混ざり合っているのか判明するのかもしれない。そんな考えから本研究を始めたのである。ブラウン運動が発見され百年以上経つが、そんな動機でウイスキーの中にナノ粒子を浮かべた研究者は居らず、これは、ここまでお酒好きの物理学者が居なかったからなのか、物理学で解明すべき課題が他にも非常に多いからなのかは、勝手に想像してもらいたい。

さて、物理学では現実をモデル化して普遍法則を導く努力を行う。ウイスキーも蒸留の過程を経て、化学的に純粋化されているのであるが、究極に純粋化した化学試薬を用いて、蒸留水と純エタノールを混合し、蒸留酒のモデル溶液を作成しナノ粒子を浮遊させた。

水とエタノールが混合する際、異常な物理的挙動を示し、ドロドロ・サラサラ具合である粘性率も上昇すると以前に述べた。ブラウン運動も、この粘性率の変化の影響を受ける。温度が一定だとしても、つまり、分子からの衝突による影響が同じだとしても、水とエタノールを混合した状態では粘性率が高くなるため、ブラウン運動が小さくなるのである。

実際に、純水にエタノールを加えていくとブラウン運動が減少し粘性率の上昇が観測された。しかし、巨視的な世界で測定された粘性率と比べて、ブラウン運動から計算される粘性率は明らかに低かったのである。粘性率は、先ほど述べたアインシュタインが導出したブラウン運動の式から計算したが、検算をしても、実験を繰り返し統計数を増やし実験精度を上げても、粘性率は低くなったままであった。ナノ粒子を水中に浮かべ、そこにエタノールを加えていっても、粘性率が十分に上昇しないのである。つまり、グラスの中のウイスキー水割りをマドラーでかき混ぜるといった巨視的な世界での粘性率と、ナノ粒子が受ける分子レベルの局所的なミクロな粘性率が一致しないのである。

このような挙動を示す理由を考えるのは難しい。ナノ粒子の様々な測定で、実際よりサイズが大きく観測されることがある。ナノ粒子周りの水分子やエタノール分子が強く相互作用し、ナノ粒子と一緒に運動する場合である。測定方法ごとに実効サイズというナノ粒子のサイズが定義され、どんな測定で計算された粒子サイズであるかを踏まえて、様々な議論を展開している。しかしながら、ナノ粒子が実際より大きく観測されることは、粘性率に換算すると、動きづらくなることであり、高い粘性率を与えるはずである。実際に、電気二重層という粒子と一緒に運動する物理化学的な分子層が形成され、粘性率が高くなる報告例は存在する。今回の水とエタノールを混合させた蒸留酒のモデル溶液での挙動は、粘性率が低くなることであり、ナノ粒子の実効的なサイズが大きくなることとは正反対である。では、どのようなモデルでブラウン運動の挙動を説明できるのか、今、実験条件を変化させ、詳細な実験データの蓄積中である。実験結果を詳細に分析することで、水分子とエタノール分子がどのように混ざって微視的な粘性率を低くできるのか解明しているところである。

†美味しいウイスキーを目指して

ブラウン運動を用いたウイスキーの研究は始めたばかりである。本来であれば、科学的な評価を他の研究者から受け、科学的に正しいと同意された内容のみを紹介するべきかもしれない。今回紹介した内容は、まだ実験結果が溜まりはじめた段階であり、今後の研究展開が非常に楽しみなテーマである。そんな研究テーマが生まれる瞬間の臨場感を共有したく執筆した。

そんな理由で、まだまだ、解らないことも多く、むしろ、何が判明するかも解らない状態である。高級ウイスキーと大衆的なウイスキーは共に蒸留酒である。つまり、どちらのお酒もその成分のほとんどが水分子とエタノール分子なのである。しかし、値段が大きく違うことも確かであるが、その味も大きく違うことはウイスキーを嗜《たしな》む人種の共通認識である。水分子とエタノール分子の混ざり具合が味を決めている要因だとすれば、混ざり方の研究のその先に、安いウイスキーを高いウイスキーへと変化させる魔法の手法（レシピ）の発見に繋がるかもしれない。長い年月を樽の中で寝かせて味わい深くなった高級ウイスキーの秘密に迫れば、長い年月という手間暇をかけずに美味しいウイスキーを簡単に手に入れることができるようになるかもしれない。また、水とエタノールの混合状態の研究は、まさに水割りの研究でもある。水割りを注文する際や、自分で割る際に、「濃いめ」など希望があると思うが、科学的知見から最適な水割りの割り方が提案できるかもしれない。

スコッチバーに通っていた時期から十数年が経つが、あの時、バーでグラスの中のスコッチウイスキーを眺めながら、水分子とエタノール分子の不思議を空想していた。研究人生の中で心に留めておいた研究対象に対して、今、ブラウン運動という武器を持って立ち向かう入り口に立ったところである。自然は意外な一面を見せることも多々あり、それが醍醐味でもあるが、美味しいウイスキーを、物理学を駆使して提供できる日が近く来ることを祈りたい。

◇ブックガイド

西信之ほか『クラスターの科学――機能性ナノ構造体の創成』（米田出版　二〇〇九年）
古賀邦正『ウイスキーの科学――知るほどに飲みたくなる「熟成」の神秘』（講談社ブルーバックス　二〇〇九年）
米沢富美子『ブラウン運動』（共立出版　一九八六年）

第17講

生命をデザインする

間瀬啓介

†生命の設計図

生命の設計図である遺伝子の本体が、デオキシリボ核酸（DNA）という物質であるということが明らかにされて、半世紀以上になる。

DNAは四種類の塩基（アデニン、グアニン、シトシン、チミン）のそれぞれから成るヌクレオチドという物質の重合体であり、この四種類のヌクレオチドの並び方によって生命の設計図である遺伝情報が書き込まれている。人類はこの遺伝情報を解読する手法を編み出し、国家的あるいは国際的なプロジェクトなどによって「ゲノム計画」を推進してきた。ここで使われるゲノムとは、生物が機能的にその生命活動を営むために必要とされる一組の遺伝情報のことをいうが、我々ヒトは通常、両親からそれぞれ伝えられる二セットのゲノム情報を細胞内にある核の中に納めている。

現在までに我々は、我々自身を含めた様々な生物のゲノム情報を次々に明らかにすることに成功し、膨大な生命の設計図を手にするようになってきた。さらに近年、このゲノム情報を人為的に改変し、その設計図自体を書き換えた生命体を作り出す「ゲノム編集」と呼ばれる技術が確立され、すでにその応用事例も出つつある。人為的に操作された生命体が世の中に出回ってくる……。そんなことが我々に許されるのであろうか？　ちょっと空恐ろしいような感じを抱く人も少なくないであろう。実際、少し前に『デザイナーベイビー』という医療小説がNHKでドラマ化し放映されたように、現在の社会問題の一つとなっているのである。

†生物改変の営み

歴史的に見れば、我々人類はかなり古くから生物の改変・改造を、作物や家畜の改良を通して行い、それを生産活動や日常生活に利用してきた。とはいえ、はじめのうちは自然界に存在する様々な生き物から、目的とする形質に見合ったものを選び出す人為選抜のみが行われる程度であった。その後、我々は特性の異なる個体同士の交配を人為的に行うことによって、様々な種の組み合わせとしての雑種を作り出し、さらには系統的に血縁度の遠い属間における雑種をも作り出して、新たな生物資源の素材として利用してきた。また、自然界ではまれにしか起こりえない突然変異の誘発率も、放射線や化学物質など変異原を用いることによって人為的に高めてきたのである。

しかしながら、これらの営みは先に述べた「ゲノムの改変」とは大きく異なるものである。それは、前者は人為的手段を用いようとも、あくまでも自然界で生じる遺伝的な変異を大幅に拡大したにすぎず、その変異は多くの遺伝子に対してランダムに起き、かつ方向性のないものである。たとえ放射線や化学物質など変異原を用いた方法であったとしても、積極的に突然変異を誘発することができるものの、その変異を起こす場所を特定できるものではないのである。それに対し、最新のゲノム編集技術では、狙ったある遺伝子に対してのみ限定して変異を起こさせ、しかも生じる変異の中身も人為的に設計されたものなのである。まさに生命はデザインされるのだ。

†遺伝子操作技術に対する懸念

これまで遺伝子を操作する技術としては、すでに「遺伝子組換え」というものがよく知られている。これにはベクターと呼ばれるツールを用いており、ベクターとはウイルスや核外に存在する遺伝子であるプラスミドＤＮＡを由来とする外来遺伝子の運び屋のことである。これによって我々は、異種生物の遺伝子や人工的に構築した遺伝子を、宿主となる生物の細胞内に導入し、その形質を変えることができるのである。すでにこの技術は、医療や製薬のほか、農業や工業など様々な分野で活用されており、あの再生医療に一石を投じた画期的な技術であるｉＰＳ細胞の作出も、この技術無くしては生まれることはなかった。

しかしながらこの遺伝子組換え技術も、必ずしも狙ったゲノム上の特定領域に外来遺伝子を導入させているとは限らない。そのため、もともと存在する遺伝子の影響や、導入した遺伝子が入り込んだゲノム領域の影響により、導入した遺伝子が全く機能しなかったり、時には予想外の結果を生じることも起こり得るのである。

このような問題を回避するためにも、特定のゲノム領域や特定遺伝子を狙った遺伝子操作方法である遺伝子ターゲッティング法の開発が望まれていた。マウスでは専売特許として、すでに遺伝子ターゲッティングが行われているが、特定のゲノム領域を狙えるものの、自然発生的に生じる相同組換えという現象に任せるしかなく、積極的な方法で変異導入ができないため、多くの時間を要するといった技術上の問題がある。また、ＥＳ細胞という受精卵に由来する特殊な細胞にしか適用できないという操作上および倫理上の問題も大きな課題となっている。さらに、遺伝子組換えといえば、人体における弊害や生態系に対する影響もしばしば懸念されている。

遺伝子組換え技術によって、新たな生命体を作出する際にしばしば問題視されるこれらの事柄は、その生物が自然界では持ちえない別の生物や人為的な遺伝子を遺伝子操作技術によって獲得するため、自然界では存在し得ない新たな生物が作り出されることにある。つまりこの組換え生物は、自然界ではけっして出現することのない存在なのである。そのため人類は、そのような自然界で存在し得ない生物の拡散・増殖を規制するために、カルタヘナ議定書という国際的な枠組みを締結し、各国でその議定書が有効となる基準を設けて、実際の遺伝子操作に対する規制を課しているのである。

一方、ゲノム編集も遺伝子操作技術の一つであり、あらゆる意味で遺伝子組換えと重なる点も多い。しかし、この自然界に存在し得ない生物の拡散・増殖という危険性について考えてみると、ゲノム編集の場合、とりわけ特定遺伝子の破壊であるノックアウトを行うのみであるならば、全く異種生命体を由来とする外来遺伝子を別の生物に取り込んでいるわけではなく、既存の特定遺伝子領域を切断し欠失させる変異を起こさせているのみであり、それにより生み出される生物は、基本的に自然界で生じる突然変異もしくは従来行われてきた人為的突然変異となんら違いがないと考えることができる。その意味においては、外来遺伝子を導入することさえ行わなければカルタヘナ法の対象外のケースという見方もでき、厳しい制約がされることなく様々な実用化が進むかもしれない。実際、遺伝子組換えに寛容であるアメリカでは、すでにゲノム編集による改変ホワイトマッシュルームが、ごく最近何の届け出もなく生産されるようになった。

†ゲノム編集という新技術

　ゲノム編集技術はおよそ二〇年前に開発されたZFN法に始まり、現在ではターレンとクリスパー／キャス9という二つの方法が主流となってきている。

　ターレン法は、植物病原細菌のキサントモナス属が宿主の植物細胞内にTALEタンパク質を輸送し、あらかじめプログラムされた植物ゲノム上の結合配列にそれを特異的に結合させ、転写因子様のエフェクターとして機能させることで自らに有利な環境を作り出しているという現象を応用して開発された。我々は、改変したいゲノム上の特定配列に特異的に結合するTALEタンパク質モジュールを設計し結合させ、そのTALEタンパク質に融合しているDNA分解酵素によって標的DNA領域を切断するのである。

　一方、クリスパー／キャス9法は、元来、真正細菌や古細菌など原核生物が、寄生者であるウイルスから身を守るため備えている免疫システムを活用したものである。原核生物は、寄生するウイルス（ファージ）などを介して外部から侵入してきた外来DNAを認識し、クリスパー領域と呼ばれる内在のゲノム領域に取り込み、その後取り込んだDNA配列を鋳型として短鎖のRNAを合成し、トレーサーRNAと呼ばれるもう一つの短鎖RNAと組み合わさって、二度目以降の感染時に標的外来DNAを認識してDNA分解酵素を呼び込み切断するのである。

このようにターレン法では特異的なDNA配列に結合するモジュールを含んだタンパク質によって、クリスパー／キャス9法ではターゲットとなるDNA配列に相補的なRNAを用いることによって、ゲノム上の特定領域のDNA配列を認識し酵素的に切断するのだ。したがって、この両方法ともその標的部位に対する精度や操作上の簡便さなどに一長一短はあるものの、理論上ターゲットとなる遺伝子のみを破壊できることになる。さらにこの特定遺伝子を破壊したのち、それに代わる他の外来遺伝子を導入するノックインを行えば、もともと働いていた遺伝子に代わって導入された外来遺伝子が機能することになり、理論上、先に述べた既存の内在する遺伝子の影響や、外来遺伝子が導入されるゲノム領域の影響が小さくなり、導入した遺伝子をより確実に正確に機能させることができ、効率的な新機能生物の作出につながるのである。

†自然界における変異の拡大

では自然界では遺伝的変異はどのように生じているのだろうか？　我々の住んでいる地球には絶えず太陽からの紫外線や宇宙線などが降り注いでおり、オゾン層など大気によってその大半は遮断されるものの、我々は常にある一定量の放射線を浴び続けている。これらは細胞の中に納められているDNAを損傷させるため、生物は常にある一定の遺伝子の変異を引き起こしている。通常、体の中ではその損傷を修復させる機構が働いているのであるが、老化や過度のストレス等によりその修復機構が十分に働かないと変異は蓄積し、時には癌《がん》などを生じさせることもある。この極めて低頻度ながら自然に生じた突然変異が、生物の進化の原動力の一つであると考えられている。

ところが近年のゲノム研究の蓄積により、この自然突然変異による変異の蓄積以上に、以下に挙げるような様々な要因によって生物の進化が成し遂げられてきたと考えられるようになってきた。その一つはウィルスやトランスポゾンといった動く遺伝子による変異の誘発や蓄積である。トランスポゾンとは転移因子と訳され、条件がそろうとゲノム内を動き回るDNA断片のことであり、それによって表現形質に変化が生じるものである。トウモロコシの斑入りパターンが変わることから見つけられた因子であり、様々な生物のゲノム内にかなり存在し、現在でも動き回っている例も報告されている。実は、実際の遺伝子組換え技術の中には、通常このようなトランスポゾンやウィルスの一部が利用されているものが少なくない。

次に考えられる変異が生じる原因としては、染色体の乗換え（交叉）による遺伝子の組換え現象がある。有性生殖をおこなう生物は、卵子や精子といった配偶子を形成する際に減数分裂という特殊な細胞分裂を行い、そのゲノムを均等に半分ずつに分けている。我々の細胞は、基本的に両親からの一セットずつのゲノムが伝えられている二倍体であるが、減数分裂時にはゲノムDNAをコンパクトにパッケージした染色体が形成されて、相同な染色体間で対合して多くの同じ遺伝子の領域で乗換えが行われる。これにより両親とは異なった様々な遺伝子の組合わせパターンを持った配偶子が作られ、変異が拡大されるのである。さらに、減数分裂時において正しく染色体の乗換えが起こらなかった場合、不等な乗換えが起きることで遺伝子領域の重複や欠失、逆位といった染色体レベルにおけるより大きな変異が誘発されるのである。

最後に示される変異の原因として、ゲノム全体の重複や倍数化が挙げられる。近年、これらのイベントは過去において何回か生じたであろうと推察されており、生物の大幅な進化が成し遂げられてきた主たる原因であると考えられるようになってきた。例えば、我々脊椎動物の祖先は、その進化の初期にゲノム全体の重複が二回続けて起こり、すべての遺伝子が四個ずつになったという説もある。また植物においては、減数分裂時に核内倍加などによりゲノムが半減しないため生じる同質倍数体や、異なる種の二倍体同士が交雑することによって生じる異質倍数体がよく見られる。そして、余分となった遺伝子は、遺伝子としての機能を失ったり別の機能を獲得して、より複雑な種へ進化してきたと考えられている。

以上のように自然界では長い年月をかけ、これらの原因によって生じ拡大した遺伝的変異から、様々な自然淘汰圧を受けることによって、あるものは残り、あるものは消失して現在の多様な生物界を作り上げてきたのである。

†生物の大絶滅と進化

生命の歴史を振り返ると、我々は幾度となく絶滅の危機に瀕してきた。大規模な地殻変動、地球全体の凍結や宇宙から飛来した隕石の衝突など、それはすさまじい規模で起こり生物の大半を絶滅させてきた。どれだけ多くの生物種が消失し多様性が失われた事であろう。しかしながらどうであろうか、生命の歴史を見るとそれら大絶滅の後には必ず多様な生命があらわれ進化してきているのである。それまでの生態系が崩され、優先してきた種がなくなることにより、ひっそりと生き残った種が爆発的に増えたのであろうか。我々人類もそうして生き残ってきた生物種の子孫であり、その結果として現在を謳歌しているにすぎないのである。

このように、生物は自らが原因となることも含めて様々な要因により変異を生み出し蓄積しては淘汰され、種によっては絶滅してきた歴史を繰り返してきた。しかしながら生物界全体を見渡せば、幾度となく起こった大絶滅の危機の後でさえ、たくましく命を繋いで生き残ってきたのである。それはそのような大絶滅の危機の時でさえ、何とか生き残った生物種が存在し、それらが再び増殖するとともに変異を拡大してきたからであろう。現在みられる多様な生物種はこのようにして成り立ってきたのである。そして、今のところ唯一生命の存在が知られるこの豊かな地球を育んできたのである。

†生物は自ら多様性を拡大する

生命は常に変異を拡大し、その多様性を増大させていく仕組みを持ち合わせていた。それは自然界から受ける紫外線や化学物質による突然変異など受け身的なものだけではなかった。生命は進化の過程で有性生殖というシステムを作り上げ、配偶子を形成する過程で染色体上の遺伝子を交換し、その染色体をランダムに分配することで多様な配偶子を形成し、そしてその配偶子が別個体の配偶子とランダムに組合わさることによって多様な次世代を生み出してきたのである。また、時にはトランスポゾンといった転移因子やウィルスなどにより、遺伝子がそれぞれの生物種間や、細菌から昆虫へというように、さらに系統的に遠い関係にある生物との間を飛び越え移ることによっても多様性が生み出されてきた。すなわち、生物には自ら様々な遺伝的変異を生じさせることで自身の多様性を増大させる仕組みが備わっているのである。

このように生物に生じた変異には、生命の生存にとって有利に働くものや不利に働くもの、さらに特に関与しないものなどが含まれるが、一般に不利に働く変異はその個体の死によって除かれてしまう。このことは細胞レベルにおいても同様であり、通常我々の体内では、細胞の増殖時に遺伝子の間違った複製を修復する機構が働いているが、体全体にとって不利に働くような変異、例えば際限なく無秩序に分裂を繰り返す癌細胞などが生じてしまった場合でも、ある程度それらを取り除くような免疫機構が備わっていることが近年明らかになってきた。つまり生命体には、変異を拡大し多様性を増大させ、いざという時のために備える仕組みと共に、それによって生じる変異から生命体にとって調和を乱すようなものを取り除く仕組みを持ち合わせており、結果として生命体としての調和を乱さぬ程度に遺伝的変異を蓄積し進化してきたのであろう。

これまで述べてきたように、現在、我々は特定の目的に沿った変異を短期間で生み出すゲノム編集という新たな生命を作り変えるための強力なツールを有するようになり、まさに生命をデザインできる時代に突入してきた。しかしながら、その代表的な手法であるターレン法やクリスパー／キャス9法も、原理は植物病原細菌やバクテリアなど生物界における巧妙な免疫システムに由来していることを思い出してほしい。また、多くの新技術がそうであるように、これらの技術が我々の幸福を脅かすようなものであってはならない。そのためにも自然界において変異はどのように生じ、制御され蓄積し、現在の人類の繁栄に結びついてきたのか、これまで以上に「生物を学び、生物から学ぶ」ことが大切となるであろう。

さらにこれからは、このある目的を意図して生命を改変させる技術を得たことにより、「どのように生命を改変させるか」、「どのような生命をデザインするか」、「どのような生物を生み出すか」、ということが極めて重要な問題となってくる。現在、農薬や病害虫に強い作物や強靭なクモの糸を吐くカイコなどが、実用化あるいはそれを目指して研究開発されているが、その延長には何があるのであろうか。それこそ超人的な記憶力を持つデザイナーベイビーが誕生するのであろうか。幸いまだそのような特性がどのような遺伝情報によるものなのか明らかにされているわけではないが、医学的にも重要な記憶のメカニズムの研究がそれを明らかにするかもしれない。そんな時、このゲノム編集のような新技術や、それによって生み出されるものが、我々の文化や社会あるいは個々の生活にどのように影響を及ぼすかについても目を向け、総合的に考え対処していく姿勢が今後ますます必要となってくるのではないだろうか。

◇ブックガイド

山本卓ほか『今すぐ始めるゲノム編集』（羊土社　二〇一四年）
D・L・ハートル、E・W・ジョーンズ『エッセンシャル遺伝学　第三版』（培風館　二〇〇五年）
B・アルバーツほか『エッセンシャル細胞生物学　第二版』（南江堂　二〇〇五年）
リチャード・フォーティ『生命四〇億年全史（上・下）』（草思社文庫　二〇一三年）
天宮陽史ほか編『宇宙137億年の謎が2時間でわかる本』（河出書房新社　二〇一三年）

第18講

植物を化学する

大﨑愛弓

†生命の進化と植物成分

緑の樹々や可憐な花々に人はどれだけ心を癒されてきたであろう。人と植物の関係はいにしえの時代から続いてきた。人は植物に生を与えられてきたといってもいい。日々の糧とし、時には病める時の薬として、気の遠くなるような長い年月を共に過ごしてきた。

植物成分（ファイトケミカル：植物に含まれる化学成分）は、植物自身が生命活動に必要とする共通な化学物質である脂質、炭水化物、タンパク質、核酸塩基など（一次代謝産物）、およびそれ以外の成分であるポリフェノール、テルペン、アルカロイドなど（二次代謝産物）に分けられる。

後者は、動物のように動くことの出来ない植物が虫やその他の生物の食害から身を守るために生体内に蓄えた物質、あるいは種を存続し繁栄させるための物質である。言い換えれば、苦味や毒を用いて敵に対して武装し、あるいは魅力的な匂いで相手をおびき寄せる。二次代謝産物の化学構造や生体内で作られる過程（生合成経路：生体内で化学合成される経路）は、植物の系統的な分類や進化と大きく関係している。同じ分類の植物は似たような成分構成を持っていると言える。つまり、二次代謝産物の生合成に関与する酵素の生成は特定の遺伝子群に支配されており、ＤＮＡと深い関係にあることを考えると納得できる。

二次代謝産物は、これまでに膨大な数の化学構造が明らかになっているが、地球上の全植物種のうち、詳しい成分研究が行われているものは僅かであり、その殆どは明らかにはされていない。植物成分は、虫などの植物を食べる生き物と植物との「共進化」（互いの相互作用を基に進化すること）の上に成り立っていると考えられており、植物成分の化学構造の多様性は、植食性動物（主として昆虫）の多様性に通じている。この構造的多様性が人にとっては新しい医薬を求めるうえでの極めて重要な情報源となり、今後はどのようにそれらの植物成分にアクセス（化学的分析）していくかが大きな課題となる。〝自然の中の宝物〟はその殆どが未だ眠ったままなのである。

†ローズマリー

夕飯どきのキッチン、色々な香辛料を並べた棚に手を伸ばすと、まるでシェフになったようで楽しい。ローズマリー、バジル、オレガノ、ミント、シナモン等々。ローズマリーは、香辛料として広く知られるハーブであり、家庭で育てるのも容易なので、栽培している人も多い。肉や魚料理などの臭みの強い食材に用いられている。

植物成分は一つの系統の化合物だけではなく、テルペンやポリフェノールなど色々な種類を併せ持っていることが多いために、効能も多彩であることが知られている。ローズマリーはアロマテラピーにも用いられ、それはモノテルペンと言われる炭素数一〇個で構成される成分が役割を発揮する。一方、ロスマリン酸（図1）と言われるポリフェノール類が抗アレルギーや抗酸化などに効能を持つとされている。強い抗菌や抗酸化作用があるとされる分画からは、カルノシン酸（図2）などのジテルペノイドと言われる炭素数二〇個で構成される化合物群が効果を発揮する。各々の成分は混ざった状態で、有効な作用をもたらしている。

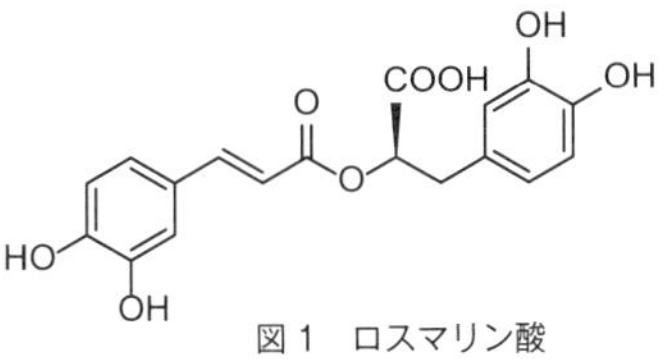

図1　ロスマリン酸

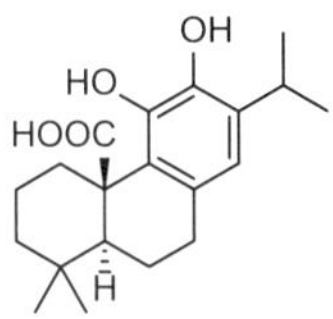

図2　カルノシン酸

私達の研究室では、このように広く用いられているハーブから、強い作用を持つ新しい化合物（新規生物活性物質）を見つける研究を行っている。

研究の方法について簡単に説明すると、まず、乾燥したハーブを粉砕し、それをアルコールに漬ける。植物エキスが溶け出したのを見計らって植物体をろ過後、エバポレーターと言われる濃縮装置を用いて、溶液の濃縮を行う。細いガラス管に、シリカゲルと言われる分離用の担体を入れて、その上部に濃縮した植物エキスを染み込ませ、その上から色々な種類の有機溶媒を順に流し、成分の分離を行う。分離された成分は、一つになるまで操作を繰り返し、最終的に高速液体クロマトグラフィー（HPLC）と言われる精密分離機器を用いて純度を高める。

得られた純粋な化合物はNMR（核磁気共鳴）といわれる大型の機器で炭素や窒素の並び方、酸素や水素の位置関係など、化学構造を三次元的に明らかにする。一方で、MS（質量分析）で分子式を厳密に明らかにする。そうして、いくつもの化学構造の異なる純粋な成分を精製し、色々な種類の生物活性試験を行うのである。

植物成分は良く似た化学構造を持つ化合物が沢山含まれているために、わずかな化学構造の違いによる生物活性の違いが出てくる。これを構造活性相関と呼んでおり、どの構造の部位が活性を発現するのに必要であるのかが分かる。生物活性物質が生体内に入った時に、タンパクなどの特定の生体高分子との相互作用により活性発現をおこなうのである。あるものは強い抗酸化作用を持ち、動脈硬化を抑える。あるものは、強い抗菌作用を持ち、食中毒を抑える。さらに脳内の神経細胞を活性化したり、抗炎症作用を持つなどの報告もある。ローズマリーは色々な作用を兼ね備えた優れたハーブである。

†眠りと植物成分

近年、なんらかの理由で眠れない夜を過ごしている人の数は増加しているといわれている。厚生労働省の白書によると、五人に一人は眠りに何らかの不満を持っているという。社会不安、環境による不安などの精神的ストレスによる不眠や、不規則な交代制勤務による不眠、さらに老化による不眠があげられる。今や不眠は社会的問題である。

私達は、植物に自然な眠りを促す作用を持つ成分が存在するのではないかと考え、研究室内に保存している熱帯産の薬用植物エキスについて、民間伝承としての作用の情報を集め、不眠治療に用いられているとされるいくつかの植物を選定した。それらの植物エキスに対してラットの副腎髄質由来の褐色細胞腫で、神経細胞分化のモデルとして古くから使われてきたPC12細胞（図3）を用いて、神経突起を伸長するのかどうかについて試験を行った。眠りと神経細胞の伸長作用と直接的な関係は不明確ではあるが、初期の試験

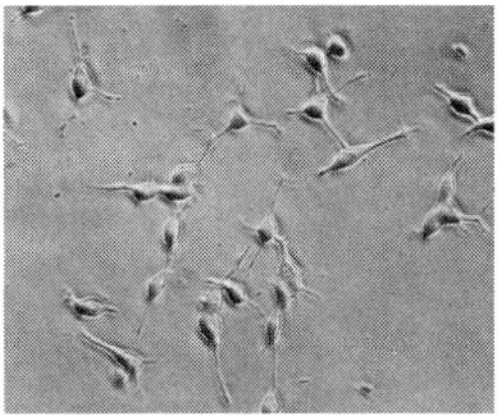

図3　PC12細胞

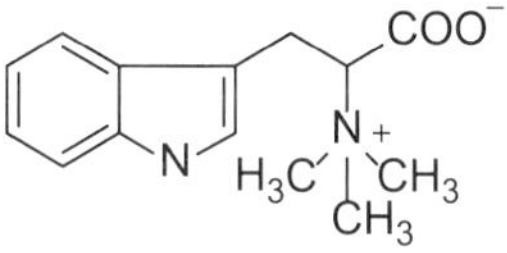

図4　ハイパフォリン

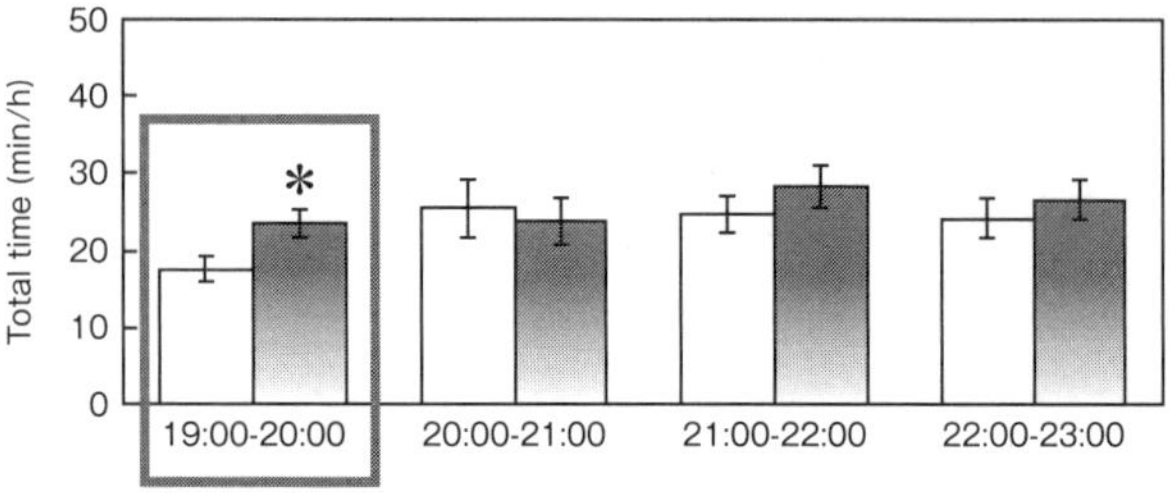

図5　ハイパフォリン投与後のノンレム睡眠の増加時間（左：生理食塩水、右：ハイパフォリン投与後）＊ p<0.05

としては有用であると考え、民間伝承と神経細胞活性化との二つを満たす植物を候補とした。

睡眠についての試験はかなり難しいのであるが、運よく睡眠研究を行っている研究者との共同研究が可能になり、この二つを満たす植物であるエリスリナ　ベルチナというデイゴの仲間に多く含有される植物アミノ酸成分であるハイパフォリン（図4）をマウスに投与することによって、ノンレム睡眠時間とレム睡眠時間について試験を行った。ハイパフォリンは、睡眠開始一時間後のノンレム睡眠を三三パーセント増加させ、総睡眠時間を顕著に延長した（図5）。

ノンレム睡眠とは急速眼球運動を伴わない睡眠時間のことであり、脳の眠りの睡眠を指す。人の眠りはノンレム睡眠とレム睡眠のサイクルを繰り返しながら、早朝の覚醒へと進んでいく。入眠初期の深いノンレム睡眠があれば、覚醒時に熟睡感があり、爽やかな朝を迎えることが出来る。現在の臨床薬は、ベンゾジアゼピン系の合成薬が多く用いられているのであるが、副作用として悪夢、薬剤依存などが挙げられている。自然な眠りを求めた研究はまだ始まったばかりではあるが、古来の伝承医薬が、なぜ効くのかどのような成分が作用しているのかが分かれば、それらの知見をもとに新たな研究が開始される。民間伝承薬と最新の研究が結ばれることは天然物化学の分野において進むべき一つの道であろう。

†光と植物

二〇〇八年、下村脩《おさむ》先生がノーベル化学賞を受賞するきっかけとなった緑色蛍光タンパクGFPは、オワンクラゲから単離精製された。八五万匹ものオワンクラゲの採集を行ったという話は印象的であった。東京フォーラムで開催された受賞講演会の会場に設けられた水槽の中のオワンクラゲから放つ光はなんとも美しく、自然が作り出す光の魅力に取りつかれた。

蛍光物質は、臨床医学、細胞工学、分子生物学の領域においては疾患の特定部位や細胞内の特定部分の可視化のために用いられている。例えば、タンパクなどの末端に予め蛍光化合物で標識化し、タンパクがどのような役割を持つのかを明らかにする目的で用いられる。超高感度で測定が出来ることも魅力である。

植物と蛍光との関係と言われてもピンとこないかも知れないが、大学院生がニガキ科の植物カッシアアマラの成分の分離をしていた際の「抽出液が光ります。見て下さい！」という言葉

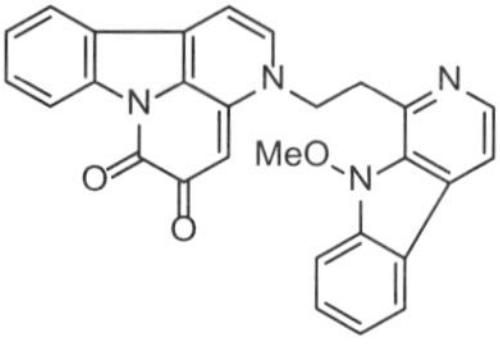

図６　アマラステリンＡ

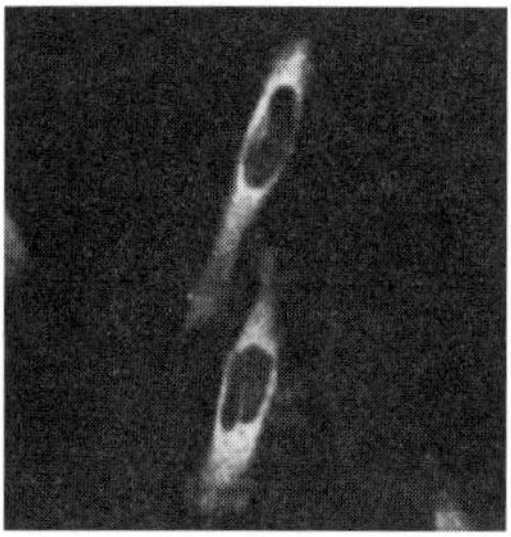

図７　アマラステリンＡで蛍光染色したHeLa細胞

がきっかけで蛍光を持つ植物成分の研究プロジェクトが始まった。天然蛍光低分子が首尾良く見つかれば、新しい化学構造の蛍光化合物を得られるのではないかと考えた。蛍光化合物は光に弱い性質を持ち、蛍光灯の光にも弱く、当初は実験台の上で単離した蛍光化合物はことごとく分解し惨敗、担当した大学院生は苦労を重ねた。繰り返し実験を行った結果、ついに蛍光物質を単離し、構造を明らかにすることに成功した。この新規蛍光物質はアマラステリンＡ（図６）と命名した（香る星という意味である）。

これを使って細胞を光らせてみよう。蛍光イメージングにたどり着けば、その先は見えてくると考え、生きている細胞の中へ蛍光物質を導入する実験を開始した。しかしながら、これもなかなか難しく、試行錯誤を繰り返した。この物質は細胞質のみを蛍光染色し、細胞のイメージングを行うことが出来た（図７）。この基材を用いた蛍光センサーへと応用研究が進んでいる。研究室では新しい蛍光物質を探索するために、ラボに集めた千種を超える植物エキスを用いて新たな〝光る植物成分〟の探索に若い力が挑んでいる。

雲上のサルビア

サルビア（図8）はシソ科の植物で、ハーブの代表であるセージも同じ仲間である。中国雲南地域は、熱帯から亜寒帯までの高低差のとても大きい地域であり、植物相も高度によって大きく変化する。この地域は高い山と深い渓谷とにはさまれているために地形が複雑化しており、植物の進化と分化を考える上でよい環境であると考えられる。中国科学院昆明植物研究所と立教大学をはじめとするいくつかの国内の大学が共同して海外学術調査を行っており、私達のグループは、この地域の色々なサルビ

図８　サルビアプルゼワルスキー

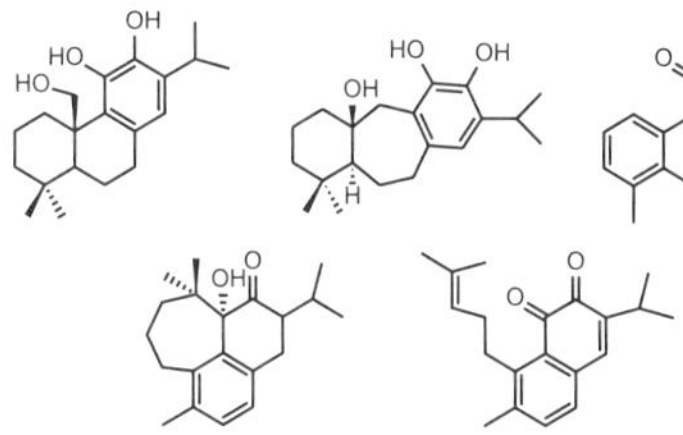

図９　サルビアに含まれる色々な骨格を持つ化合物の事例

ア種の成分研究を担当している。

標高二千メートルから四千メートルを超える高山に棲息しているサルビアの花の色は青く、花も大きくとても美しい。これらのサルビアの根はとても赤い色をしており、この赤い色素は、丹参《たんじん》と呼ばれ、心臓病などの特効薬として用いられている。サルビア種には、アビエタン型ジテルペンと言われる化合物が多く含まれている。サルビアの成分の魅力は、多様な骨格転位（炭素と炭素と結合の一部が切れたり、つながったりしながら形を変えていくこと）（図9）を行った化合物群にある。化合物の酸化や還元が繰り返され、その過程において多様な炭素骨格の変化が生まれる。炭素と炭素の間の結合が切れ、さらに異なる部位で炭素と炭素の結合が生じ、新しい環が生まれる。さらに炭素が酸化されて炭素の数が減っていく。これらの変遷を経て、想像を超える変貌を遂げていく。研究者にとってはこのような多様な構造の変化が研究対象となる。

天然化合物の骨格の大きな変化に伴い生物活性も大きく変わる。サルビアの体内で繰り広げられる化合物の変貌と変遷。何のために変わるのか何処へ向かっているのか。興味は尽きない。

†植物と人との繋がりそして未来

植物と人との関係はいにしえも今も何ら変わりなく存続しており、未来も同様であると考える。天然由来の成分の構造はとても複雑な形をしており、驚くような効能を示すことが多く、人智を超えた形を創り出している。現在の分析技術は格段に向上しており、ほんの一〜二ミリグラムもあれば、複雑な構造の三次元的な構造まで解き明かすことが可能である。

しかし、植物への化学的なアクセスは地球上にある全ての植物種数の一割にも満たない。一方、環境汚染や温暖化、あるいは森林伐採などで植物はどんどん失われている。植物種がなくなる前にアクセスし、成分の全貌を明らかにすることが重要である。また、それらを明らかにすることができる若い人材の育成も積極的に行っていかねばならない。種の保存を人為的に行うことも大切であろう。植物は熱帯地域に多く存在することから、研究者は国際的な問題と常に向き合うことになる。国際理解と協力のもとに研究が迅速に遂行されることが望まれる。

天然化合物の活性は一つの活性だけではなく、異なる種類の活性にも有効であることが多いため、つまり、ある種の病気だけではなく異なる病気にも効くことがあるため、成分分析で得られた多くの天然化合物が、〝化合物バンク〟もしくは〝化合物ライブラリー〟として整備登録され、研究者が共同利用することができる環境を整えることも重要である。〝化合物バンク〟は合成物、天然物を問わず、国内の幾つかの主要な研究機関において整備されているが今後も拡充されていくであろう。

現在もなお治療の難しい病気は数多く存在する。さらに、ある一定地域に収束されていた感染性疾患が、人の行き来の増大によって、瞬く間に広がる危険性も増えている。新たな感染症が出てくるのは必然であろう。自然の力によって生み出された多種多様な天然化合物をより多く保存しておくことが重要であると考える。それらの情報をもとに、活性の強い天然化合物の構造の模倣、改変による活性の増強や副作用の低減、あるいは活性の強い構造の一部を切り抜いて新しい医薬を創り上げていくことも可能である。

植物と人との関係はこれまでと同様に未来永劫に続くであろう。しかしながら、それはどんな環境であっても、植物と人が共存していることが条件であると考える。人が植物を守り、植物が人を助けるそのような良好な関係でなければならない。自然に学び、科学技術が発展し、人と植物がより良い繋がりを持ち続ける。そういう未来であることを願ってやまない。

◇ブックガイド

J・B・ハルボーン著、高橋栄一・深海浩訳『ハルボーン化学生態学』(文永堂　一九八一年)

古前恒監修『化学生態学への招待――化学の言葉で生物の神秘を探る』(三共出版　一九九六年)

石橋正己『自然のなかに薬をさがす――千葉発の天然物研究小話(千葉学ブックレット)』(千葉日報社　二〇一一年)

あとがき

加藤直人

本書をご覧になって分かるように、日本大学文理学部は人文、社会、理学の分野にわたる、たいへん大規模な学部である。学習院大学や亜細亜大学といった総合大学のスケールと同じような学生数、教職員数を一学部として抱えている。

図体が大きいことはもちろん必ずしも褒められたことではない。しかし、文理学部の場合は、その幅の広さと大きさを生かしながら、これまで教育と研究に当たってきた。人文学や社会科学系の学科に進んだものが数学や情報科学、自然科学を学ぶことは長期的に見ればたいへん刺激的なことである。理学の学科に進んだものにとって、人文や社会系の学問にふれ、そのなかで言葉や歴史、人間と社会について考えるようになることは、これまでテクノロジーによる経済成長のみを追求してきた日本の将来においても、きわめて重い役割を果たすだろう。そうした「知のスクランブル」を形成することが文理学部の使命である。

私自身は、歴史学のうちで東洋史を専門としている。なかでも中国の一七世紀以降の清朝、民国期を研究している。現在の日本ではあまり顧みられることの少ない領域と言っていいかもしれない。しかも、その時代の歴史資料の解読に取り組んでいる。「時文」という当時の中国で使用されていた公文書を読み解くのが私の仕事のひとつでもある。「東洋史」の授業の中では、清朝のいわゆる「国語」であった満洲語文書の読解とともに漢語の「時文」を教えている。もはや、その社会すら失われた時代の言葉が私の相棒である。

しかし、その一方で、この数年、「東アジアにおける都市形成プロセスの統合的把握とそのデジタル化をめぐる研究」という史学、国文学、心理学、地理学、情報科学との共同研究のプロジェクトに関わってきた。これは東アジアにおいてどのように都市が形成されてきたのかというテーマをめぐって、歴史過程を各種の資料から分析・摘出して再構成しようとした研究である。ハルビンならハルビンという街がどのように出来上がっていったか、大量の絵はがきのデジタルアーカイブを構築して、過去から現在に至る地図情報上に都市の形成過程を提示することを可能とするデジタルマップを作り上げた。

古い「時文」の解読とともに、それらを生かしたかたちでデジタルアーカイブを用いた研究が成立する。これが文理学部で学ぶことの面白さである。地理学はもちろん関わってくるし、文学、心理学、環境・生態学の各領域から都市形成の特徴が抽出できるかどうか、議論を重ねることもできた。

私たちが学んでいるのは人間・社会・自然についてである。それらは切り離すことのできないひとつながりのものとしてある。切り離すことで、より深く専門化は進むかもしれないが、連続性をもった相互の深い関係は見過ごされてしまう。おそらく、これからの時代はその連続性のもとに世界をとらえる能力こそが重要になるだろう。リベラル・アーツこそ甦《よみがえ》るべき学問の形態なのではないだろうか。

このように、文理学部という「知の共同体」では、実利的な研究・教育もあれば、失われた言葉や文書をめぐる研究・教育もある。それらは互いに有機的に結合し、ときには反撥《はんぱつ》しながらひとつの学びの空間を構成している。ひとりでもその交差する空間に興味を持たれた方がいたとすれば、本書の目的は達成されたといっても過言ではないであろう。

（日本大学文理学部長）

編・執筆者紹介

紅野謙介（こうの・けんすけ）【はじめに・Iのプロローグ】
国文学科教授。一九五六年生まれ。専攻は日本近現代文学。著書『書物の近代――メディアの文学史』（ちくま学芸文庫）、『検閲と文学――1920年代の攻防』（河出ブックス）、『物語 岩波書店百年史1――「教養」の誕生』（岩波書店）など。

岡 隆（おか・たかし）【IIのプロローグ】
心理学科教授。一九五九年生まれ。専攻は社会心理学。著書『社会的認知研究のパースペクティブ――心と社会のインターフェイス』（編著、培風館）、『心理学研究法――心を見つめる科学のまなざし』（編著、有斐閣）など。

谷 聖一（たに・せいいち）【IIIのプロローグ】
情報科学科教授。一九六三年生まれ。専攻はアルゴリズム、離散数学、情報科学教育。著書『アルゴリズムと計算量』（サイエンス社）。論文"*Fast Algorithms for Computing Jones Polynomials of Certain Links*"（共著、Theoretical Computer Science 2007）など。

加藤直人（かとう・なおと）【あとがき】
文理学部長・史学科教授。一九五一年生まれ。専攻は東洋史、文献学。著書『清代文書資料の研究』（汲古叢書）、『逃人檔』（東北アジア文献研究会）など。

*

永井 均（ながい・ひとし）【第1講】
哲学科教授。一九五一年生まれ。専攻は哲学、倫理学。著書『翔太と猫のインサイトの夏休み――哲学的諸問題へのいざない』（ちくま学芸文庫）、『子どものための哲学対話』（講談社文庫）、『哲おじさんと学くん』（日本プレミアシリーズ）など。

古川隆久（ふるかわ・たかひさ）**【第2講】**
史学科教授。一九六二年生まれ。専攻は日本近現代史。著書『戦時下の日本映画――人々は国策映画を観たか』（吉川弘文館）、『昭和天皇――「理性の君主」の孤独』（中公新書）、『昭和史』（ちくま新書）など。

佐藤至子（さとう・ゆきこ）**【第3講】**
国文学科教授。一九七二年生まれ。専攻は日本近世文学。著書『江戸の絵入小説――合巻の世界』（ぺりかん社）、『山東京伝――滑稽洒落第一の作者』（ミネルヴァ日本評伝選）、『妖術使いの物語』（国書刊行会）など。

三澤真美恵（みさわ・まみえ）**【第4講】**
中国語中国文化学科教授。一九六四年生まれ。専攻は中国語圏映画史、台湾近現代史。著書『殖民地下的〈銀幕〉――台灣總督府電影政策之研究（1895―1942）』（台北・前衛出版社）、『「帝国」と「祖国」のはざま――植民地期台湾映画人の交渉と越境』（岩波書店）、『電波・電影・電視――現代東アジアの連鎖するメディア』（共編著、青弓社）など。

マイルズ・チルトン（Myles Chilton）**【第5講】**
英文学科教授。一九六四年生まれ。専攻は英語圏文学、文化、英文学教授法。著書 "*English Studies Beyond the 'Center': Teaching Literature and the Future of Global English*"（Routledge）、"*Literary Cartographies: Spatiality, Representation, and Narrative*"（共著、Palgrave Macmillan）など。

野呂有子（のろ・ゆうこ）**【第5講・翻訳】**
英文学科教授。一九五一年生まれ。専攻はジョン・ミルトン、一七世紀英国政治思想史、英米児童文学。著書『詩篇翻訳から「楽園の喪失」へ――出エジプトの主題を中心として』（冨山房インターナショナル）、訳書『イングランド国民のための第一弁護論および第二弁護論』（共訳、聖学院大学出版会）、『古代悪魔学――サタンと闘争神話』（監訳、叢書・ウニベルシタス）など。

初見　基（はつみ・もとい）【第6講】
ドイツ文学科教授。一九五七年生まれ。専攻はドイツ近現代文学、社会思想。著書『ルカーチ――物象化』（講談社）、訳書『アーレント＝ブリュッヒャー往復書簡――1936―1968』（共訳、みすず書房）など。

久保田裕之（くぼた・ひろゆき）【第7講】
社会学科准教授。一九七六年生まれ。専門は家族社会学・福祉社会学・政治哲学。著書『他人と暮らす若者たち』（集英社新書）、『家族を超える社会学――新たな生の基盤を求めて』（共著、新曜社）など。

金子絵里乃（かねこ・えりの）【第8講】
社会福祉学科准教授。一九七七年生まれ。専攻は死生学、ソーシャルワーク。著書『ささえあうグリーフケア――小児がんで子どもを亡くした15人の母親のライフ・ストーリー』（ミネルヴァ書房）、『ソーシャルワーク（Next教科書シリーズ）』（共編著、弘文堂）など。

広田照幸（ひろた・てるゆき）【第9講】
教育学科教授。一九五九年生まれ。専攻は教育社会学。著書『陸軍将校の教育社会史――立身出世と天皇制』（世織書房）、『日本人のしつけは衰退したか――「教育する家族」のゆくえ』（講談社現代新書）、『教育は何をなすべきか――能力・職業・市民』（岩波書店）など。

青山清英（あおやま・きよひで）【第10講】
体育学科教授。一九六九年生まれ。専攻はコーチング学。著書『陸上競技を科学する』（共著、道和書院）、『競技力向上のトレーニング戦略』（監訳、大修館書店）など。

菊島勝也（きくしま・かつや）【第11講】
心理学科准教授。一九六八年生まれ。専攻は臨床心理学。著書『クラスで気になる子の支援 ズバッと解決ファイル――達人と学ぶ！ 特別支援教育・教育相談のコツ』（共著、金子書房）、『教育相談（Next 教科書シリーズ）』（共著、弘文堂）など。

矢ケ﨑典隆（やがさき・のりたか）【第12講】
地理学科教授。一九五二年生まれ。専攻は地理学、アメリカ地域研究。著書『食と農のアメリカ地誌』（東京学芸大学出版会）、『世界地誌シリーズ4 アメリカ』（編著、朝倉書店）など。

安井真也（やすい・まや）【第13講】
地球科学科准教授。一九六八年生まれ。専攻は火山地質学。著書『日本の火山ウォーキングガイド』（共著、丸善出版）、『視覚でとらえるフォトサイエンス 地学図録』（執筆・編集協力、数研出版）、論文「降下火砕堆積物からみた浅間前掛火山の大規模噴火」（『火山』二〇一五年）など。

市原一裕（いちはら・かずひろ）【第14講】
数学科教授。一九七二年生まれ。専攻は低次元位相幾何学、特に三次元多様体論、および数学教育学。著書『ひらいてわかる線形代数』（共著、数学書房）、高等学校用教科書『数学』（共著、数研出版）、論文"*Exceptional surgeries on alternating knots*"（共著、Communications in Analysis and Geometry 2016）など。

尾崎知伸（おざき・とものぶ）【第15講】
情報科学科准教授。一九七三年生まれ。専攻は知識情報処理、データマイニング。著書『帰納論理プログラミング』（共著、共立出版）、『知の科学 スキルサイエンス入門――身体知の解明へのアプローチ』（共著、オーム社）など。

十代 健（じゅうだい・けん）【第16講】
物理学科教授。一九七三年生まれ。専攻は物理化学、ナノテクノロジー。論文"*Charging Effects on Bonding and*

Catalyzed Oxidation of CO on Au_8 *Clusters on MgO*"（Science 2005）、「クラスター導電体——銅アセチリドナノワイヤー」（『表面技術』二〇一一年）など。

間瀬啓介（ませ・けいすけ）**【第17講】**
生命科学科教授。一九六五年生まれ。専攻は昆虫遺伝学。論文"*Genetic Analysis of the Electrophysiological Response to Salicin, a Bitter Substance, in a Polyphagous Strain of the Silkworm Bombyx mori.*"（PLoS ONE 2012）、"*Low tensile strength due to fragile points on silkworm cocoon filaments.*"（Journal of Insect Biotechnology and Sericology 2015）など。

大﨑愛弓（おおさき・あゆみ）**【第18講】**
化学科准教授。一九五八年生まれ。専攻は天然物化学、生薬学。論文「ラブダンおよびクレロダンジテルペノイドの構造的多様性と生物活性」（『有機合成化学協会誌』二〇〇四年）、"*Three new Securinega alkaloids from Securinega suffruticosa var. amamiensis*"（Journal of Natural Products 2007）など。

ちくま新書

110
「考える」ための小論文
西研
森下育彦
論文を書くことは自分の考えを吟味するところから始まる。大学入試小論文を通して、応用のきく文章作法を学び、考える技術を身につけるための哲学的実用書。

679
大学の教育力
――何を教え、学ぶか
金子元久
日本の大学が直面する課題を、歴史的かつグローバルな文脈のなかで捉えなおし、高等教育が確実な「教育力」をもつための方途を考える。大学関係者必読の一冊。

742
公立学校の底力
志水宏吉
公立学校のよさとは何か。元気のある学校はどんな取り組みをしているのか。12の学校を取り上げた本書は、公立学校を支える人々へ送る熱きエールである。

889
大学生からの文章表現
――無難で退屈な日本語から卒業する
黒田龍之助
読ませる文章を書きたい。だけど、学校では子供じみた作文と決まりきった小論文の書き方しか教えてくれなかった。そんな不満に応えるための新感覚の文章読本!

908
東大入試に学ぶロジカルライティング
吉岡友治
腑に落ちる文章は、どれも論理的だ! 東大入試を題材に、論理的に書くための「型」と「技」を覚えよう。学生だけでなく、社会人にも使えるワンランク上の文章術。

993
学問の技法
橋本努
学問の王道から邪道まで、著者自身の苦悩から生み出されたテクニックを満載! 大学生はもちろん社会人も、読めば学問がしたくてしょうがなくなる、誘惑の一冊。

1212
高大接続改革
――変わる入試と教育システム
山内太地
本間正人
2020年度から大学入試が激変する。アクティブラーニング(AL)を前提とした高大接続の一環。では、ALとは何か、私たち親や教師はどう対応したらよいか?

ちくま新書
1239

知《ち》のスクランブル
——文理《ぶんり》的《てき》思考《しこう》の挑戦《ちょうせん》

二〇一七年二月一〇日 第一刷発行

編者 日本大学文理学部（にほんだいがくぶんりがくぶ）

発行者 山野浩一

発行所 株式会社 筑摩書房
東京都台東区蔵前二-五-三 郵便番号一一一-八七五五
振替〇〇一六〇-八-四一二三

装幀者 間村俊一

印刷・製本 株式会社 精興社

乱丁・落丁本の場合は、左記宛にご送付ください。
送料小社負担でお取り替えいたします。
ご注文・お問い合わせも左記へお願いいたします。
〒三三一-八五〇七 さいたま市北区櫛引町二-六〇四
筑摩書房サービスセンター 電話〇四八-六五一-〇〇五三

ISBN978-4-480-06942-9 C0200